Plaisir d'enseigner

Itinéraire de
deux martiennes

Plaisir d'enseigner

Itinéraire de deux martiennes

Laurence Chérel
&
Catherine Lapassouse Madrid

Copyright © 2021 — Laurence Chérel et Catherine Lapassouse Madrid
N° ISBN : 978-2-9578761-0-5
Tous droits réservés dans tous pays
Impression : BoD – Books on Demand, Norderstedt,
Allemagne — Impression à la demande
Dépôt légal : juillet 2021

« Le Code de la propriété intellectuelle interdit les copies ou reproductions destinées à une utilisation collective. Toute représentation ou reproduction intégrale ou partielle faite par quelque procédé que ce soit, sans le consentement de l'auteur ou de ses ayants droit ou ayant cause, est illicite et constitue une contrefaçon, aux termes des articles L.335-2 et suivants du Code de la propriété intellectuelle. »

Création de la mise en page : Anne Guervel

À tous les étudiants qui ont croisé notre chemin et qui ont rendu notre itinéraire pédagogique passionnant et riche d'expériences.

À tous ceux qui vont le croiser et qui nous feront encore cheminer.

REMERCIEMENTS

À Daniel notre inspirateur d'aventures pédagogiques, pour son soutien enthousiaste et indéfectible,

Aux chefs de département qui ont créé, entretenu et animé l'esprit d'équipe pédagogique de Tech de Co Bordeaux et ont soutenu nos initiatives : Alain, Jean, Jérôme, Bernard A.,

À Bernard J. qui en sa qualité de directeur de l'IUT a autorisé pour la première fois nos enseignements à distance en 2005,

À Bernard A. qui a facilité nos participations à des colloques et congrès nous permettant de partager nos expériences,

À Jean qui nous a encouragées et aidées à valoriser notre approche par compétences tant d'un point de vue pédagogique qu'administratif,

À Elodie J., Ivelina, Sandra et Stéphanie pour leur soutien logistique et amical,

À Cécile, Elodie V., Jean-Bernard, Sophie G., Sophie H., Thierry, Thomas, dont la rencontre a impulsé à chaque fois le franchissement d'un nouveau cap,

À Christophe et Pauline pour leur aide précieuse quand nous étions dans un désarroi certain pour la concrétisation d'un projet,

À nos familles qui nous laissent vivre notre pédagogie et la supportent au quotidien...

PROLOGUE

C'est quoi cette salle de classe ?!

Octobre 2000

Julien arrive dans la salle de classe, il panique car il a oublié le texte de l'étude de cas sur lequel il a travaillé pour préparer le TD du jour et il sait que la prof est très attentive à cela. Il a peur de se faire exclure. Il sort son bloc note et son stylo. Heureusement, en parlant à Aurélie, elle lui propose de s'asseoir à côté de lui pour profiter du même document. Stéphanie quant à elle regrette d'avoir passé le dernier cours d'amphi à rêver, elle a du mal à comprendre ce qu'il faut faire par rapport au sujet d'aujourd'hui. Cédric lui n'a pas pris le temps de lire l'étude de cas, il prévoit de rejoindre le sous-groupe où sera partie prenante Aurélie car il sait que c'est une étudiante sérieuse et qu'elle aura probablement fait le travail préparatoire requis. L'enseignante rentre dans la salle de TD, se place devant le tableau. Chacun s'assoit rapidement à sa place. Bonjour, dit-elle. Elle fait l'appel, présente les points clés du cours et pose ensuite la question : « qui parmi vous veut nous résumer la problématique du cas Pepsi Cola ? ».

19 ans plus tard… : octobre 2019

Sérieusement ? Pourquoi tous les étudiants ne sont pas installés derrière leur bureau ? Justine a un écouteur de son oreille gauche et partage l'autre avec Thomas, son voisin. Mathieu est assis par terre avec son ordinateur sur les genoux, Léa, assise près d'une prise électrique, regarde la vidéo du cours sur son smartphone, Bastien est debout et discute avec Aurore et Clémence à propos de l'application cours à chacun de leur projet. Hugo range ses affaires, il a fini son parcours d'apprentissage et quitte la salle de cours.

Mais il n'y a pas de prof dans cette salle ?

Ah si, elle est assise à côté de Jérémy et échange avec lui pour l'accompagner dans la validation de son livrable. Ça n'a pas l'air de la déranger tout ce « bazar » dans la salle ! Elle n'a pas d'autorité, ce n'est pas possible, où sommes-nous ?

Et si tout ce désordre apparent était en lien avec une méthode pédagogique ?

Deux « martiennes » témoignent de leur plaisir d'enseigner en retraçant leur itinéraire pour accompagner les étudiants vers la réussite. Deux maîtres mots les guident : bienveillance et exigence pour rendre chacun acteur de son apprentissage dans l'acquisition de compétences.

INTRODUCTION

Ce livre souhaite apporter une contribution positive, porteuse de confiance à travers l'expérience de deux enseignantes qui renouvellent au quotidien leur plaisir d'exercer leur métier.

Il a pour seule vocation de raconter les aventures pédagogiques de leur duo et ne relève d'aucun militantisme politique ou syndical.

Nous sommes enseignantes en marketing, donc pas forcément armées pour expliquer notre démarche en référence aux concepts théoriques des sciences de l'éducation, mais nous avons toujours cherché à donner un sens à notre enseignement. Nous avons la chance d'être enseignantes dans un contexte institutionnel (IUT[1]) qui offre l'opportunité d'avoir une liberté pédagogique certaine dans le respect d'un Programme Pédagogique National. La mixité que l'on trouve dans les équipes au sein des IUT se retrouve dans notre duo puisque l'une d'entre nous est agrégée du secondaire alors que l'autre est maître de conférences[2]. Nous avons chacune connu des parcours professionnels différents. Notre volonté d'enseigner n'est pas née de la même façon. Notre rencontre à l'IUT Techniques de Commercialisation de Bordeaux, il y a plus de vingt ans, nous a permis de nous rendre compte que nous avions la même vision de notre rôle et de son utilité sociale. Nous avons pour ADN commun la volonté d'agir pour améliorer les situations d'apprentissage même si nous devons sortir de notre zone de confort et éventuellement nous mettre en danger. Quand la situation pédagogique que nous vivions ne nous satisfaisait pas pleinement, nous avons pris l'habitude de chercher à savoir pourquoi et comment nous pouvions l'améliorer. C'est cette

---

[1] IUT : Institut Universitaire de Technologie
[2] Le statut de chacune a une influence sur le nombre d'heures d'enseignement et les contraintes de publication

vision commune qui a forgé et soudé notre équipe et qui a généré les aventures pédagogiques que nous souhaitons partager.

Nous avons testé nos pratiques auprès de différents étudiants (post bac + 1 à + 5, en formation initiale, continue ou en alternance, en groupes de 10 à 150) en présentiel et à distance. Spontanément, nous nous sommes engagées dans une pratique réflexive, ce qui nous a amenées à vouloir la mettre en mots pour la partager.

Cet ouvrage peut être abordé de plusieurs façons selon les attentes de chacun.

Le lecteur intéressé par le retour d'expérience et le témoignage trouvera une transcription de nos émotions à chaque étape de notre parcours.

Pour le lecteur curieux des théories sur les sciences de l'éducation nous avons indiqué des références théoriques qui contextualisent nos choix pédagogiques (notamment dans la partie 2).

Enfin pour le lecteur concerné par l'enseignement du marketing nous avons prévu des annexes illustrant notre enseignement.

Nous avons en nous depuis quelques années l'idée d'écrire pour témoigner mais c'est la période actuelle qui nous a donné envie de sauter le pas. En effet, depuis la crise sanitaire de mars 2020, avec l'obligation de continuité pédagogique et les débats alimentés sur l'enseignement à distance, nous avons pris conscience de notre cheminement dans nos pratiques pédagogiques (le « lâcher prise », « l'étudiant acteur »). Pendant cette période que beaucoup d'enseignants vivent de manière douloureuse, nous avons continué à vivre notre métier avec plaisir. Sommes-nous des martiennes ?

PARTIE 1

Pourquoi enseigner autrement ?

Pour quoi cheminer ?

Cette première partie est plutôt narrative. Elle s'attache à décrire le point de départ, les caractéristiques et l'aboutissement de notre cheminement pédagogique tout en retranscrivant nos ressentis à chaque étape.

Dans cette partie nous utilisons un vocabulaire que nous avons acquis aujourd'hui mais qui ne correspond pas aux mots que nous utilisions à l'époque. C'est en rédigeant ce livre que nous nous sommes rendu compte du recul que nous avons pris et que nous avons finalement suivi un processus d'auto-éducation.

Chapitre 1

D'un constat à un cheminement permanent

Comme nous l'avons indiqué en introduction, nous enseignons le marketing auprès d'un public d'étudiants suivant un cursus commercial. Bien sûr, cela ne consiste pas à leur apprendre à « manipuler les consommateurs ». Cela conduit à leur transmettre des compétences de manière à ce qu'ils puissent déterminer et mettre en œuvre un ensemble d'actions destinées à concevoir une offre qui comporte une valeur certaine pour un marché concerné. Il s'agit d'un enseignement qui suppose que soient connus et compris beaucoup de concepts précis, de méthodes d'analyse et d'outils d'aide à la décision.

1.1 Un constat au départ en 2002 : quid de notre utilité sociale ?

Le contexte pédagogique initial

Lorsque nous avons commencé à travailler ensemble, en 2000, cet enseignement était structuré à l'aide de cours d'amphi destinés à transmettre la théorie et de séances en plus petits groupes pendant lesquelles des études des cas étaient proposées de manière à permettre aux étudiants d'être confrontés à des situations plus concrètes pour mettre en application ces éléments théoriques. Le sujet d'examen donné aux étudiants en fin de cursus était également une étude de cas.

Il s'agit là d'une forme d'enseignement classique en Sciences de Gestion. Le cours est centré sur la transmission de connaissances et les études de cas proposées en travaux dirigés permettent de vérifier si les étudiants ont compris ces connaissances et se les sont suffisamment appropriées pour pouvoir les appliquer dans de nouvelles situations.

La première année nous a permis de prendre nos repères par rapport à l'organisation traditionnelle de cet enseignement et de réajuster en l'actualisant par le choix des études de cas pour tenter d'être en phase avec les centres d'intérêts des étudiants. Dans la correction des copies relatives à cette évaluation nous cherchions à valoriser la façon dont les étudiants connaissaient les concepts théoriques clés et savaient les appliquer aux situations décrites dans l'étude de cas.

Des constats décevants

C'est au cours d'une discussion à propos des résultats des examens à la fin de la deuxième année que nous avons partagé l'une à l'autre notre déception et notre ennui.

Ennui d'abord, non pas par rapport au fait même de corriger des copies puisque cette activité constituait pour nous un « feedback » pertinent de l'efficacité de notre volonté de transmission. Ennui surtout car nous avions à évaluer un ensemble de documents dont les développements respectifs étaient quasi identiques, comportant les mêmes généralités, ni vraiment répréhensibles ni vraiment pertinentes.

Déception ensuite, de constater qu'à part un dixième de la promotion qui obtenait d'excellents résultats, et un autre dixième une note très faible, la majorité des copies étaient évaluées plus ou moins autour de la moyenne, ce qui signifiait que nous n'avions pas atteint notre objectif pédagogique, à savoir transmettre à minima les fondements de notre matière auprès d'apprenants inscrits dans une formation censée leur faire acquérir des compétences précisément dans ce domaine.

Certes, des explications pouvaient être avancées indépendamment du caractère balbutiant à l'époque des caractéristiques des « digital natives ». D'une part le fait que depuis l'entrée dans l'enseignement supérieur d'un plus grand nombre d'élèves, les enseignants sont confrontés à des étudiants dont les « méthodes de travail et le bagage cognitif sont différents de celui qui était autrefois celui des élites »[3]. Par ailleurs, la prise en compte des révolutions qui ont bouleversé la société actuelle (absence de guerre, disparition du monde paysan et développement du digital) a contribué à fournir des éléments culturels communs qualifiés de « ludiques, personnalisés, dynamiques, fulgurants et réticulaires » (Serres, 2012)[4].

La rupture psycho pédagogique qu'évoquent Duguet et Morlaix (2012)[5] à propos des étudiants qui arrivent dans l'enseignement supérieur décrit ce type de décalage entre les univers respectifs de l'enseignant universitaire et des étudiants. Les auteurs soulignent l'inadéquation de l'offre d'enseignement aux besoins du public étudiant, ce qui explique leur décrochage. Les cours magistraux notamment sont évoqués et apparaissent comme des « monologues expressifs » sans interaction.

La spécificité de l'enseignement du marketing renforce cette difficulté d'attention[6]. Les étudiants, confrontés quotidiennement à la société de consommation pensent « savoir ce qu'est le marketing », ils utilisent fréquemment la partie « de son lexique passée dans le langage courant (segmentation, ciblage, positionnement) » et croient inutile d'apprendre le cours.

---

[3] Cros F. (2009) « Préface » in Innover dans l'enseignement supérieur, Paris, PUF.
[4] Serres M. (2012). Petite poucette, Paris, Le Pommier.
[5] Duguet A., Morlaix S. (2012), Les pratiques pédagogiques des enseignants universitaires : Quelle variété pour quelle efficacité ?, Questions Vives, Vol.6, 18, http://journals.openedition.org/questionsvives/1178
[6] Marion, G., Portier, P. (2006), Pour une réforme du marketing : réseau et co-construction de valeur, La Revue des Sciences de Gestion, Direction et Gestion, 222, novembre-décembre, 15-24

Comment réagir ?

Nous avons toujours cherché à donner un sens à notre enseignement et nous avons donc vécu ce constat comme une forte perte d'utilité sociale. Pour nous, donner du sens c'est sortir de cours en ayant le sentiment que nos étudiants ont compris, retenu et pourront ultérieurement appliquer le marketing, la matière que nous enseignons. Ce fut l'élément déclencheur de notre volonté de modifier la forme classique de l'enseignement de notre discipline et le début de la mise en œuvre d'une pratique réflexive inconsciente.

Face à ce qui nous semblait être un insupportable manque d'intérêt et de motivation pour notre enseignement, nous avons choisi de nous tourner vers les étudiants que nous venions d'évaluer pour leur demander de nous aider à concevoir une forme d'enseignement différente pour qu'elle leur plaise davantage, qu'ils puissent retenir et appliquer plus facilement. Ce fut LE brainstorming fondateur de notre aventure pédagogique.

1.2 Choisir d'expérimenter des nouvelles pratiques pour redonner du sens

Le point de départ du changement de posture

Partir des apprenants pour remettre en perspective les activités d'apprentissage présente l'avantage de la nouveauté mais introduit une dimension de remise en cause. Les étudiants deviennent force de proposition et suggèrent alors de reconsidérer les pratiques pédagogiques.

À l'issue du brainstorming, il est clairement ressorti que les étudiants souhaitaient que nous leur proposons des activités individualisées dans lesquelles chacun pourrait y voir un intérêt particulier et démontrer son aptitude à répondre aux attendus de la formation. En somme, il nous était implicitement conseillé d'imaginer d'autres façons d'enseigner. Cela interrogeait à la fois sur la transmission des connaissances et leur appropriation mais également sur les situations permettant de les appliquer de façon autonome. Il fallait donc construire des séquences pédagogiques différentes de ce que nous avions l'habitude de faire jusqu'alors. Il ne semblait plus envisageable de dispenser un cours magistral à vocation transmissive de connaissances, conjugué à des séances de travaux dirigés en groupe pour mettre en application les éléments théoriques. Pour nous, l'animation des séances s'appuyait sur les corrigés des études de cas conduisant à utiliser des éléments de correction communs pour tous. L'individualisation des activités pédagogiques que nous envisagions induisait une forme d'animation « sans filet ». La nécessité de sortir de cette zone de confort pédagogique se profilait avec une question centrale et omniprésente : comment faire pour qu'ils retiennent les notions essentielles et sachent les appliquer en dehors d'exercices proposés. Comme évoqué précédemment, nous avons posé comme postulat qu'une approche différente nous permettrait de sortir de la forme d'ennui évoquée précédemment.

Un parti pris d'origine pour sortir de notre zone de confort

La réflexion sur la construction d'une approche moins conventionnelle s'amorça. Le point d'ancrage de départ a été choisi, comme évoqué précédemment, sur la base des suggestions des étudiants, en prenant en compte la nécessité de proposer des activités d'applications individualisées. Notre réflexion créative s'est appuyée sur les compétences qu'un étudiant diplômé de la formation où nous enseignons doit acquérir et développer dans notre matière. En effet, nous avons auparavant souligné que nombre d'entre eux n'étaient pas capables de mobiliser correctement les connaissances transmises pour les appliquer à des situations d'évaluation. L'idée était donc d'essayer de leur proposer une activité dans laquelle ils pourraient se mobiliser plus facilement. Le parti (ou le pari) que nous avons pris (fait) était de nous dire que si un apprenant choisissait son objet d'apprentissage alors il se projetterait plus facilement dans la mise en œuvre de l'application des connaissances. En d'autres termes, si l'étudiant imagine quelque chose qu'il aime pour l'aider à apprendre et appliquer alors il sera plus « efficace ». Notre première aventure pédagogique naissait : « *Et si nous demandions à chaque étudiant quelque chose qui serait son fil d'Ariane, son fil rouge pendant tous ses enseignements de marketing ?* ». En somme, nous venions de décider de demander à chaque étudiant de trouver une idée unique lui correspondant et qui l'accompagnerait pendant sa formation en marketing sur plusieurs semestres. Il s'agissait pour chaque apprenant d'imaginer un produit (bien ou service) qui n'était pas commercialisé sur le territoire français, techniquement réalisable et destiné à des particuliers. Ce choix pédagogique acté entre nous, il fallait le communiquer aux étudiants. Il était donc officiel que nous allions quitter notre zone de confort puisque nous allions abandonner la « sécurité » des corrections d'exercices et des notes pédagogiques des études de cas pour une évaluation identique pour tous sur les critères mais personnalisée pour le projet de chaque apprenant. Une première inquiétude germa : allaient-ils tous avoir une idée ? Cette question a généré une certaine anxiété chez nous mais le fait de travailler en équipe atténue le phénomène. Nous savons pouvoir compter l'une sur l'autre pour trouver des solutions aux interrogations qui apparaissent en repartant dans une phase de réflexion commune. Une certaine mise en danger existe mais nous nous rendrons compte ensuite qu'elle est modérée par notre travail en commun.

Et accepter un lâcher-prise

___

Avec ce premier pas qui nous éloigne peu à peu des schémas traditionnels de pratiques pédagogiques, nous acceptons (à notre insu) un certain lâcher prise conduisant à confier un rôle un peu différent à l'apprenant et, en nous plaçant nous enseignantes, dans l'acceptation d'une perte de maîtrise de l'intégralité des supports d'apprentissage. Le premier brin de notre chaîne ADN se met en place même si à ce moment précis nous n'avons pas pleinement conscience de ce que nous commençons à amorcer.

À la rentrée de septembre 2002, nous lançons le principe de demander à chaque étudiant d'imaginer son nouveau produit, non commercialisé sur le marché français. Après la présentation de ce dernier, quelques 200 étudiants ont trouvé avec plus ou moins de facilité une idée qualifiée par nous de Fil Rouge. Nous avons donc été, à ce stade, rassurées sur le fait que chaque apprenant pouvait être réceptif et créatif à des propositions d'activités avec un format non traditionnel. Un deuxième indicateur militant en faveur d'une certaine adhésion au principe est le nom de baptême que les étudiants ont attribué de façon spontanée au projet. Ils l'ont nommé PFR, acronyme pour eux de Produit Fil Rouge alors que nous n'avions mentionné qu'un fil rouge signifiant que c'était quelque chose qui les accompagnerait tout au long de la formation suivie.

Lors de cette première année de mise en œuvre, nous avons gardé de façon concomitante à ce fil rouge des exercices traditionnels. En effet, nous débutions chacune des séances de travaux dirigés avec un exercice identique pour tous à réaliser pour appliquer les notions clés présentées dans les cours magistraux. Seule la seconde partie de la séquence était consacrée à l'application du cours au PFR. Le TD se déroulait donc en deux temps : un temps traditionnel avec exercice ou étude de cas commun et éléments de correction identiques pour tous et un autre temps consacré à de l'individualisation et à de l'interaction avec chacun sur le projet de chacun. Au fil des séances, nous nous sommes rendu compte que la réalisation d'une activité identique pour tous n'enrichissait pas l'application des concepts. Les étudiants ont commencé à nous demander pourquoi ils ne travaillaient pas directement et uniquement sur leur projet. Cette remarque s'est particulièrement manifestée dans un groupe d'étudiants à profils spécifiques (sportifs de haut niveau) qui produisaient un travail plus fourni dès lors qu'ils étaient dans une situation d'apprentissage appliquée. Dans la droite ligne de ce que nous venions d'initier, nous avons décidé de faire confiance aux suggestions des apprenants et donc de nous concentrer sur l'application des concepts et notions clés au produit fil rouge de chacun. Le changement de posture pédagogique continuait de se mettre en place.

Un renouveau dans le plaisir d'enseigner

Le renoncement partiel et volontaire aux pratiques traditionnelles en sciences de gestion a provoqué un soulagement chez nous à deux niveaux. Tout d'abord, les étudiants ont adhéré au principe et ont contribué à améliorer les règles de fonctionnement. Ensuite, nous avons rompu avec la forme d'ennui évoquée précédemment en donnant un élan nouveau à l'animation des séances de TD. Du côté des étudiants, nous avons remarqué un certain enthousiasme à se projeter dans la réalisation virtuelle de la création et de la commercialisation d'un produit nouveau et unique sur le sol français. Une forme d'identification à l'objet d'apprentissage s'est opérée chez certains étudiants qui nous parlaient de leur projet en disant « mon PFR », « je suis nom du projet ». Nous avons alors conclu que nous avions réussi notre pari de pouvoir sortir des schémas conventionnels pour amener les étudiants à apprendre autrement. Ils agissent pour apprendre et apprennent pour agir.

Au-delà du soulagement ressenti faisant suite à l'anxiété, nous avons éprouvé du plaisir car nous avons réussi à amener avec nous des étudiants, à les mobiliser, à les investir pour plus de réussite traduite dans des évaluations de meilleur niveau pour la plupart des effectifs. Moins d'ennui, plus de réussite par une activité différente, autant d'éléments qui nous ont conduites à éprouver en plus du plaisir renouvelé d'enseigner une certaine fierté personnelle. Riches de ces émotions, nous avons pris l'habitude de considérer qu'il était essentiel pour nous afin de pouvoir progresser, d'ajuster nos pratiques aux évolutions des étudiants, de confronter nos idées et ressentis en participant à des congrès ou colloques centrés sur la pédagogie. En 2004, après deux années de mise en place de cette approche, nous avons candidaté à un prix d'innovation pédagogique en sciences de gestion, concours proposé par la CIDEGEF[7]. L'objet de ce concours était notamment d'expliquer les raisons qui avaient poussé à innover tout en expliquant l'originalité de l'innovation. Nous avions alors souligné que l'originalité résidait sur les modalités d'acquisition des connaissances qui favorisent l'autonomie dans l'apprentissage et la mise en œuvre des savoirs. Le travail sur un sujet personnel à chaque étudiant était alors jugé comme a priori plus attractif par l'étudiant qu'un objet commun.

L'émergence d'une pratique réflexive constante

Cette posture réflexive dans notre pratique nous amène à pouvoir faire de chaque échange, de chaque rencontre avec des pairs un prétexte à nous interroger, à progresser, à modifier, à enrichir notre approche, bref à cheminer perpétuellement. Ils nous conduisent petit à petit à mettre en mots ce que nous faisons, à comprendre les mécanismes activés chez les étudiants (et chez nous), à chercher à mobiliser chez les apprenants les éléments qui font écho en eux pour

---

[7] CIDEGEF : Confédération Internationale des Dirigeants des Institutions d'Enseignement Supérieur et de Recherche de Gestion d'Expression Française http://www.cidegef.refer.org/

les accompagner vers la réussite. En somme, nous cherchons à donner du sens aux activités que nous proposons à nos étudiants, sens pour eux mais aussi pour nous. Nous considérons que seul ce qui a du sens permet de se mobiliser, de s'impliquer, ce tant de notre point de vue d'enseignantes que de celui des apprenants. Les enquêtes mises en place au fil des années permettent d'appréhender ces aspects. Les résultats de ces dernières seront mobilisés dans les chapitres suivants.[8]

Bien sûr, notre métier d'enseignante nous amène par définition à analyser nos pratiques pédagogiques pour les améliorer, les adapter à nos différents publics. Toutefois, nous sommes progressivement passées de cette première posture qualifiée de « praticien réflexif » à celle de « praticien chercheur » dans une démarche réflexive que nous cherchons à étayer par des écrits scientifiques et sur des ensembles de données récoltées et étudiées relatives à notre pratique[9] (annexe 1 : démarche de la pratique réflexive).

Cette posture nous plaît beaucoup, elle nous permet de mettre des mots sur notre expérience, de prendre du recul, de transmettre (nous reviendrons sur ce point très important pour nous dans la partie 3), de nous identifier à d'autres discours théoriques et donc de nous sentir plus crédibles.

---

[8] Dans ce livre consacré au partage de notre expérience nous avons fait le choix de présenter des résultats d'enquêtes. Nous tenons à la disposition du lecteur intéressé la description scientifique de leur méthodologie
[9] Bédard, D. (2014). Chapitre 5. Être enseignant ou devenir enseignant dans le supérieur : telle est la question... de posture ! Dans : Geneviève Lameul éd., La pédagogie universitaire à l'heure du numérique: Questionnement et éclairage de la recherche (pp. 97-109). Louvain-la-Neuve, Belgique: De Boeck Supérieur. https://doi-org.docelec.u-bordeaux.fr/10.3917/dbu.lameul.2014.01.0097» et https://aipufrance19.sciencesconf.org/resource/page/id/2

Chapitre 2

De Skyblog à OVH[10]

La prise en compte de l'irruption des écrans sous toutes leurs formes (ordinateur, smartphone, tablettes) et du développement des différents usages par nos étudiants (consultation de liens en ligne, de contenu de réseaux sociaux) fait partie intégrante de notre cheminement pédagogique. Ce recours à l'écran s'est d'abord manifesté depuis le domicile des étudiants puis il a envahi les amphis et les salles de TD avec l'arrivée des smartphones. Face à cette évolution nous avions deux possibilités, être très coercitives et bloquer les usages pendant nos cours, ou « faire avec ». Puisque nous avons dès le départ pris le parti d'enseigner de manière à ce que les étudiants trouvent un intérêt pour mieux se mobiliser, nous avons naturellement cherché à utiliser leurs outils, sans pour autant y perdre notre ADN.

2.1 Les premiers pas sur les écrans

D'une simple mise en ligne de présentations PowerPoint

À l'époque, les débats au sein de notre communauté portaient sur l'intérêt ou les contraintes liés au fait de mettre les cours en ligne. Nous avons fait le choix dès 2003 d'utiliser une page personnelle procurée par un opérateur téléphonique pour y proposer nos présentations PowerPoint contenant les ressources théoriques. Notre contenu concernait uniquement les éléments fondamentaux d'une

---

[10] Il s'agit d'un hébergeur de site web.

discipline, et nous ne craignions pas une diffusion sans protection d'éléments de recherche récents dont nous aurions été les auteures. La valeur ajoutée du contenu mis en ligne provenait de notre mise en forme personnelle des idées théoriques, essence même du travail d'un enseignant qui conçoit ses supports de cours.

Nous ne ressentions pas la crainte d'être dépossédées de cette valeur ajoutée, peut-être parce que nous avions déjà initié implicitement le changement de posture pédagogique qui nous conduirait à lâcher prise sur la transmission de contenu pour revendiquer la position d'accompagnant (cf. partie 2).

Cette mise à disposition était pour nous complémentaire avec le contenu de notre cours en amphi. Nous incitions les étudiants à pré-imprimer le cours pour pouvoir ensuite l'annoter de manière plus aisée. Là encore nous en avons retiré du plaisir puisque nous avions le sentiment d'apporter une aide supplémentaire aux étudiants.

… à l'enregistrement de présentations sonorisées

C'est pourquoi, nous avons ensuite très rapidement confirmé notre engagement dans l'usage de ces technologies nouvelles à l'époque. Grâce aux rencontres organisées au sein du réseau de notre structure, nous avons décidé d'enregistrer des présentations sonorisées pour les mettre à disposition sur le site du nouveau campus numérique IUT en ligne, projet fédérateur né en réponse aux appels à projets « Campus Numérique » lancés par le Ministère de l'Éducation Nationale en 2000 puis 2002[11]. Parallèlement, pour faciliter l'accès à ces ressources de nos étudiants qui n'avaient pas internet, nous avons conçu des CD contenant les mêmes ressources.

---

[11] http://www.iutenligne.net/le-campus/presentation-du-campus.html

Pour un accompagnement en ligne

Grâce à l'arrivée du web 2.0 et la possibilité associée d'interactions avec les internautes, nous avons complété la mise en ligne de contenu pédagogique par des dispositifs favorisant les échanges avec les étudiants. Ainsi, nos premiers pas autodidactes sur Skyblog (2005) nous ont conduites à proposer un blog permettant de commenter en temps réel des exemples de stratégie marketing tirées de l'actualité.

Pendant notre animation auprès des étudiants en TD nous vérifions leur compréhension et leur capacité d'application sur les principes clés au produit qu'ils ont imaginé. Mais nous avons constaté que la durée du TD ne permettait pas à tous les étudiants d'achever cette application. C'est pourquoi, pour les aider dans leur réflexion à propos des livrables qu'ils doivent remettre pour leur évaluation en fin de semestre, un accompagnement individualisé post TD est nécessaire. Au départ, à la mise en œuvre de la méthode PFR, cet accompagnement s'appuyait sur le seul courrier électronique. En 2013, nous franchissions le pas de l'accompagnement virtuel avec la création de groupes sur Facebook. Ce réseau social a été choisi de préférence à la plateforme Moodle car nous avons considéré que les étudiants y étaient « naturellement » présents, ce qui autorise une plus grande rapidité dans la circulation de l'information. Nous avons rapidement constaté que le nombre de personnes ayant vu les conseils était élevé. Parallèlement nous avons vu se développer une autre forme d'accompagnement virtuel, cette fois entre les étudiants puisque les participants s'entre aidaient.

En 2014, toujours de manière autodidacte, nous avons acquis un nom de domaine et un hébergement pour donner au site pfrproduitfilrouge. com le rôle central qu'il tient aujourd'hui dans notre démarche pédagogique. Nous venions de décider de supprimer tous nos cours d'amphi pour sauter le pas de la pédagogie inversée. Ayant pris goût à l'échange et aux interactions individualisées avec les étudiants, le monologue expressif (au sens de Altet) nous rebutait désormais[12].

2.2 Le rôle du site aujourd'hui : accompagner vers une autonomie d'apprentissage

Il n'est pas facile de trouver le juste mot pour définir le rôle actuel de notre site ? Ce qui est certain c'est qu'il n'est plus uniquement un site de ressources. L'expression « environnement d'apprentissage préparé » nous semble la plus appropriée.

Les rubriques du menu principal sont conçues dans la logique de l'autonomie d'apprentissage que nous privilégions (« être acteur », « mon évaluation », « connaître » « rechercher » et « lire »). Elles proposent des outils d'autoévaluation dans le cadre de la préparation du livrable final ainsi que des liens vers des informations utiles parmi lesquels les apprenants peuvent « piocher » en fonction des besoins de leur démarche individuelle de recherche d'informations.

La rubrique « connaître » met à disposition sous deux formes les cours (présentations sonorisées et diaporamas). Le titre de la rubrique intitulée *Être acteur* a été formulé de manière à caractériser l'ouverture de l'environnement d'apprentissage. Elle propose notamment des éléments permettant de mieux connaître son mode d'apprentissage personnel (quel pfriste êtes-vous ?) et de s'autoévaluer dans ce parcours (les aventures du pfriste).

Grâce à cet environnement d'apprentissage préparé, nous cherchons à aller au-delà de la mise à disposition de ressources théoriques pour rendre les apprenants autonomes avec des supports d'aide de manière à les rendre indépendants dans leur rythme de progression.

---

[12] Altet M. (1994). Le cours magistral universitaire : un discours scientifico-pédagogique sans articulation enseignement-apprentissage. Recherche et Formation, n°15, p. 35-44.

Nous verrons dans le chapitre 1 de la partie suivante pourquoi nous accordons une telle importance à l'autonomie.

La prise de conscience de l'importance de cet appui technologique

C'est avec la crise sanitaire et le développement à marche forcée de l'enseignement à distance en mars 2020 que nous avons pris conscience du rôle joué par notre itinéraire technologique dans la confiance avec laquelle nous avons vécu cette période. L'introduction progressive des technologies numériques dans nos choix pédagogiques d'abord uniquement en présentiel, puis en classe partiellement inversée et finalement en classe totalement inversée, a parallèlement fait évoluer notre posture pédagogique du rôle de la transmission de savoir à un groupe d'apprenants à un accompagnement de chaque apprenant d'un groupe.

Le site et les technologies associées nous ont permis de conserver les caractéristiques de notre démarche pédagogique dans une organisation totalement distancielle. Dans cette période vécue par certain(e)s enseignant(e)s comme une douloureuse expérience professionnelle nous avons ressenti le plaisir de pouvoir animer nos séances distancielles en conservant nos choix pédagogiques grâce à cet environnement d'apprentissage préparé[13].

Ce dernier était donc déjà mis en ligne et cela a grandement facilité la mise en œuvre de la continuité pédagogique à distance, en dépit de l'anxiété liée aux aspects technologiques des outils que nous ne maîtrisions pas (instabilité de connexion).

---

[13] Nous dissocions la question du contenu pédagogique des problématiques de logistique de connexion.

CHAPITRE 3

La transformation de nos essais pédagogiques en méthode

La mise en ligne d'éléments d'accompagnement à l'autonomie nous a fait prendre conscience de la « valeur ajoutée » que nous avions créée. Nous avions dépassé la seule mise à disposition d'un simple contenu de connaissances agrégées. Nous avions conçu un véritable environnement d'apprentissage préparé qui relevait d'une logique. Nous allons dans ce chapitre présenter les étapes de notre itinéraire qui ont marqué la transformation de nos essais pédagogiques en méthode.

3.1 Dépôt de marque et Peps : prise de conscience et recherche de validation extérieure

En 2013, le fait de systématiser l'accompagnement virtuel nous a obligé à mettre par écrit un grand nombre de consignes et nous a fait prendre conscience que nos choix pédagogiques s'apparentaient à une « méthode ». Nous avions conçu un ensemble ordonné permettant de mener selon une démarche raisonnée une activité pour parvenir à un résultat : définition même d'une méthode. Ce qui a également renforcé cette prise de conscience est la découverte d'initiatives de collègues de notre entourage professionnel qui cherchaient à reproduire notre approche. Ce constat réalisé, nous avons perçu que nous avions créé quelque chose qui pouvait intéresser d'autres personnes. L'idée de protéger notre « création », notre « bébé » a alors cheminé.

Noël 2013 : s'offrir une marque !

Explorant les différentes manières de pouvoir « protéger » la maternité de notre méthode, nous nous sommes naturellement rapprochées de l'INPI[14]. Nous avons constaté qu'il n'était pas possible de déposer un brevet sur une méthode. En revanche, il nous a été conseillé d'enregistrer une marque. Ce fut le cadeau de Noël que nous nous sommes offert en 2013.

Une marque existe désormais. Cela signifie que nous possédons quelque chose qui a une existence légale. Cependant, est-ce le plus important pour nous ? En réfléchissant nous sommes arrivées à la conclusion, que ce qui importait le plus désormais était de vérifier que notre méthode pouvait avoir du sens auprès d'un public autre que celui de nos étudiants. Au final, sommes-nous crédibles, y a-t-il un intérêt à présenter nos questionnements, nos réponses, notre approche à des collègues ? Hormis la structuration en 2014 de notre site qui montrait par son menu et ses rubriques la logique de notre méthode, aucun public extérieur ne s'était réellement prononcé sur le bien-fondé de celle-ci.

Nous nous sommes mises en quête de trouver des revues, des colloques ou autres supports d'expression au travers desquels nous pourrions présenter notre méthode et surtout avoir un retour. La question du moment était : ce que nous faisons a-t-il réellement du sens ?

Janvier 2016 : le prix de la passion !

En janvier 2016, arrive dans notre boîte mail un message relayé par une association liée à la pédagogie universitaire. Le message indiquait

---

[14] INPI : Institut National de la Propriété Industrielle.

que le ministère de l'Enseignement Supérieur, de la Recherche et de l'Innovation organisait pour la première fois un concours nommé PEPS[15]. Ce qui a immédiatement retenu notre attention et fait écho chez nous dans le nom de ce prix a été le mot « passion », mot clé qui caractérise notre façon de considérer notre métier.

En creusant davantage, nous avons découvert que ce prix était destiné à valoriser l'engagement des enseignants, des chercheurs, des équipes pédagogiques, des équipes d'appui, des étudiants dans la transformation des pratiques de formation dans les établissements d'enseignement supérieur français. Le Prix PEPS est destiné à reconnaître la qualité de l'enseignement, à promouvoir le développement de modalités pédagogiques innovantes et à les valoriser au sein de la communauté de l'enseignement supérieur.[16] Pour concourir, plusieurs catégories étaient proposées. De façon évidente, la rubrique « Innovation pédagogique » destinée à « récompenser des actions pédagogiques particulièrement remarquables par les innovations proposées au sein d'une unité d'enseignement, d'un programme, ou bien encore auprès d'un public particulier, portant sur des pratiques ou des ressources éducatives, résultant d'une initiative individuelle ou collective, enseignante ou étudiante, avec des effets reconnus sur l'engagement, la persévérance et la réussite des étudiants »[17] s'imposait à nous. L'élaboration du dossier de candidature nous a permis une dizaine d'années après le prix CIDEGEF[18] de mettre des mots sur le chemin parcouru grâce aux étapes franchies. Il s'agissait alors de davantage expliquer la construction du cheminement, l'élaboration des outils d'accompagnement, la prise de conscience du rythme et des modalités d'apprentissage de chaque apprenant dans la méthode que de valoriser une innovation centrée uniquement sur le rôle d'acteur joué par l'étudiant. La constitution de ce dossier de participation nous a amenées à rechercher des références bibliographiques

---

[15] PEPS : Passion Enseignement et Pédagogie dans le Supérieur
[16] https://www.enseignementsup-recherche.gouv.fr/cid138573/prix-peps-passion-enseignement-et-pedagogie-dans-le-superieur-2019.html
[17] Ibid.
[18] Opus cité

pour crédibiliser nos propos. Comme nous le montrerons dans la deuxième partie nous avons retenu uniquement celles qui faisaient sens pour nous c'est-à-dire celles qui correspondaient réellement à nos choix antérieurs.

Une certaine impatience entre le dépôt de la candidature et la communication des résultats de l'attribution de prix se fit sentir.

Un signe de validité extérieure

Un appel téléphonique d'une matinée de mars 2016 nous a réjouies au plus haut point. Un représentant du ministère nous annonçait que nous étions lauréates et nous demandait si nous acceptions ce prix. L'acceptation engendrait l'engagement de participer à des actions de communication et de sensibilisation en faveur de la transformation des pratiques pédagogiques dans l'enseignement supérieur. Il est demandé de participer à la valorisation du Prix PEPS, notamment en « mentionnant dans nos interventions publiques qu'ils en sont lauréats. »[19] Nous avons bien entendu accepté cet engagement qui nous permettait dès lors d'obtenir une certaine crédibilité auprès de nos collègues et attestait du fait que notre méthode relevait d'une approche pertinente.

La perspective de rencontrer d'autres lauréats lors de la remise des prix nous enthousiasmait. Ce rendez-vous se déroula à Paris et nous permit de croiser d'autres passionnés de la pédagogie et d'échanger avec eux sur leurs approches. Un tissu relationnel commença à se nouer avec des collègues qui, comme nous, s'interrogeaient sur leurs pratiques et sur les solutions à mettre en œuvre pour servir la réussite des étudiants en instillant une transformation des pratiques pédagogiques. À cette occasion, nous nous sommes rendu compte que les praticiens rencontrés éprouvaient le même ressenti que

---

[19] Ibid.

nous, quant au regard porté par certains collègues sur des approches pédagogiques atypiques. Enfin nous étions entourées par un grand nombre de « martiens » à notre image. Un sentiment de plaisir nous a alors envahi et a encore dynamisé notre motivation à continuer. La valeur de notre travail mais aussi celle de nos étudiants étaient reconnues, une certaine fierté personnelle s'en dégagea.

Une forme de réseau social commençait à se tisser. Nous avons noué contact avec deux ingénieures pédagogiques de notre université de rattachement qui nous ont encouragées à réfléchir à la conception d'un MOOC. Elles nous ont indiqué que FUN[20] constituait une plateforme qui pourrait être intéressée par notre méthode.

Bien que la pédagogie ne soit pas la priorité absolue de notre structure de rattachement, nous avons tenté de valoriser notre pratique auprès de cette dernière en lui demandant de nous accompagner sur la réalisation d'un MOOC[21] et en nous permettant de postuler aux trophées « Talents U ». Ces derniers représentent un trophée qui « donne un coup de projecteur sur certaines initiatives individuelles ou collectives remarquables de l'année universitaire passée, qui ont contribué – et contribuent encore – au rayonnement de l'université »[22]. Nous avons obtenu cette récompense en septembre 2016.

Concernant l'accompagnement demandé pour la réalisation d'un MOOC, les démarches et résultats furent plus chaotiques.

Nous avons alors compris que les enseignants, les responsables d'établissements comme les étudiants ne cheminent pas, n'apprennent pas au même rythme.

---

[20] France Université Numérique.
[21] MOOC : cours en ligne ouverts et massifs (désigné en anglais par MOOC, Massive Open Online Course).
[22] https://www.u-bordeaux.fr/Actualites/De-l-universite/Les-Talents-de-l-universite-de-Bordeaux.

3.2 Un outil digital supplémentaire pour enrichir notre dispositif pédagogique : le MOOC

Les partis pris de la réalisation

À travers la réalisation d'un MOOC, nous ne cherchions pas seulement à concevoir un outil digital supplémentaire mais à explorer les caractéristiques pédagogiques de ce dernier pour nous fournir de quoi enrichir notre dispositif pédagogique ultérieur.

Rappelons rapidement en quoi consiste un MOOC. Il s'agit de proposer en ligne des cours à l'aide de divers supports (diaporamas sonorisés ou non, vidéos, documents, etc.) au sein desquels les apprenants peuvent piocher à leur guise les ressources qui peuvent présenter un intérêt pour eux. Les cours sont mis à disposition sur une période donnée pour permettre à chacun d'avancer à son rythme et selon ses disponibilités. En règle générale, les cours sont cadencés de façon hebdomadaire et validés par des activités (exercices, quiz, etc.). Certains MOOC délivrent des attestations de suivis, d'autres des attestations de réussite faisant suite le plus souvent à un quiz terminal et d'autres encore proposent un système de certification pour valoriser des compétences acquises.

Pour adapter nos principes pédagogiques au MOOC, sans faire de concession et respecter nos exigences de réussite de la part des apprenants, nous avons fait le choix d'ouvrir en même temps tous les supports proposés et tous les quiz. En effet, la veille pédagogique menée pour concevoir ce MOOC nous a montré que nos postulats pédagogiques initiaux, (rendre l'apprenant acteur de son apprentissage et proposer une situation d'apprentissage authentique), rejoignaient certains principes de l'approche par compétences (Prégent et al., 2009)[23]. C'est pourquoi nous avons décidé de nous engager totalement dans cette perspective.

---

[23] Prégent R., Bernard H., Kozanitis A., 2009, Enseigner à l'université dans une approche-programme, Ed. Presses internationales Polytechnique 352 p.

La production

Ces contenus ont été accessibles sur FUN entre les mois de novembre 2017 et juin 2018. Il faut souligner que le contenu de chaque vidéo a été conçu pour correspondre à une compétence, en référence à une rubrique d'une grille d'évaluation et proposait un outil d'analyse à appliquer ou une aide à la décision. De plus, chaque capsule vidéo a rigoureusement été réalisée de manière à correspondre à une étape du parcours d'application des concepts théoriques à l'objet d'apprentissage choisi par l'apprenant. À partir du thème 3, chaque capsule comportait soit un outil méthodologique, soit une grille d'aide à la décision. Tous les contenus ont été construits en fonction des connaissances les plus avancées dans le domaine du marketing fondamental. Pour compléter les capsules vidéo et permettre un approfondissement des notions à ceux qui le souhaitaient, des liens supplémentaires étaient proposés aux inscrits du MOOC dans une rubrique intitulée « pour aller plus loin ».

Pour synthétiser, le caractère innovant de notre MOOC réside dans les spécificités qu'il intègre. La première concerne l'approche par compétences que nous avons retenue (elle sera présentée plus en détail dans la partie 2, chapitre 3). La deuxième s'inscrit dans la certification proposée. Les apprenants pour obtenir la certification devaient pour la partie 1 du MOOC remettre, en plus de la réussite des quiz à hauteur d'au moins 70 %, un dossier et pour la partie 2 proposer un fichier son ou vidéo. La troisième réside dans le niveau d'exigences affiché pour obtenir la certification, comparé à la plupart des MOOC, un niveau d'exigences supérieur rendu possible notamment grâce à la présence d'un tutorat individualisé et personnalisé de notre part.

3.3 MOOC : un vécu riche d'enseignements

Quant à la production des ressources en grande autonomie

Nous avons produit les contenus de ce MOOC en grande autonomie. L'aide de notre établissement de rattachement s'est limitée au financement de l'achat d'un logiciel de conception de capsules vidéo, à l'aide de techniciens audiovisuels pour tourner le teaser d'annonce du MOOC pour la plateforme hébergeuse (FUN MOOC), à l'insertion de la charte graphique de notre université sur nos supports et aux relations avec la plateforme FUN ainsi qu'à la mise en ligne du contenu du MOOC. Nous avons été déçues par cet accompagnement réduit. L'attribution du trophée Talents U évoquée précédemment nous avait laissé espérer un soutien plus important. La déception dépassée, nous nous sommes concentrées sur la réalisation en autodidactes de la production et du montage des vidéos à insérer sur la plateforme. Il faut bien avouer qu'après des centaines d'heures dédiées à la conception en autonomie de ces supports et capsules vidéo, nous avons ressenti un grand plaisir personnel d'avoir mené à bien cette première partie de l'aventure MOOC. Au total une durée de 5 h 40 de vidéos a été proposée, décomposée en 61 capsules, dans lesquelles 450 diapositives ont été commentées (annexe 2 : liste détaillée des capsules du MOOC).

Quant à l'animation

À l'issue de l'animation de ce premier MOOC, véritable aventure vers l'inconnu pour nous, il ressort que l'expérience vécue est riche et ce, à divers niveaux :

→ Tout d'abord, découvrir des milliers d'inscrits (plus de 7000 inscrits issus de 92 pays identifiés pour la partie 1 et plus de 6 000 inscrits de 89 pays identifiés pour la partie 2). Ces effectifs qui nous semblaient relativement vertigineux comparés à la taille des groupes que nous animons habituellement (de quelques dizaines à quelques centaines) nous ont d'abord quelque peu effrayées puis ont engendré une certaine satisfaction. En examinant le nombre moyen d'inscrits à des MOOC dans notre champ disciplinaire, nous avons constaté que nous étions dans une fourchette haute et avions largement dépassé nos objectifs.

→ Ensuite, les échanges avec les apprenants au travers des forums ont été teintés d'humanité notamment en raison de la réelle implication des apprenants et de leur application à bien faire. Ce constat nous a d'autant plus interpellées que les MOOC ne suscitent pas normalement d'engagement formel de la part des apprenants quant à leur réussite (Henri et al, 2016)[24].

Au final, s'est dégagée l'impression d'être utiles et de vivre pleinement notre métier d'enseignante auquel un écran ne change rien dans le plaisir d'expliquer, d'illustrer, de guider et d'accompagner. L'aspect humain reste au centre des échanges. (Annexe 3 : témoignages d'inscrits au MOOC).

Ces retours résultent sans doute du fait que nous avons intégré le fait que l'apprenant doit être acteur de son apprentissage même si cette posture pédagogique peut sembler parfois difficile et surprenante tant pour les enseignants et les apprenants qui vivent l'expérience ou qui peuvent être déstabilisés par des approches moins conventionnelles.

Nous tirons également des conclusions sur la possibilité de maintenir un fort niveau d'exigences via la certification par le MOOC. Quand on demande aux apprenants de travailler sur un objet d'apprentissage personnel, on est surpris par l'intensité du travail

---

[24] Henri F., Basque J., Bejaoui R., Paquette G., 2016, "Les MOOC et l'évolution de l'ingénierie de l'évolution pédagogique" Colloque CRIFPE Montréal,, 6 mai, Laboratoire d'ingénierie cognitive et éducative (LICÉ) Centre de recherche LICEF, TÉLUQ.https://www.slideshare.net/FranceHenri/les-mooc-et-lvolution-de-lingnierie-pdagogique.

et la qualité des travaux obtenus. Ce fort niveau d'exigences n'a jamais souffert d'exception en présentiel, en hybride, en distanciel. L'accompagnement que nous proposons dans nos pratiques ne diminue en rien le degré d'exigence. Bienveillance et exigence ne sont en aucun cas contradictoires, antagoniques.

Cette expérience permet également d'aborder la thématique de l'accompagnement pédagogique personnalisé en ligne, ses possibilités, ses contraintes.

Quant aux enseignements retirés

Pour conclure, la variété des inscrits au MOOC nous a permis de nous rendre compte qu'il était possible de moduler le guidage de profils variés et différents. Nous pouvons aujourd'hui dans nos pratiques actuelles adapter l'accompagnement de nos enseignements d'étudiants en DUT, licences professionnelles, masters ou cursus d'ingénieurs. Les contraintes de conception du MOOC conduisant à un découpage fin du contenu ont favorisé une grande souplesse dans le séquençage des séances d'animation ultérieures auprès de divers publics et facilitent grandement la modularité auprès de ces différents profils d'apprenants.

En somme, nous sommes ressorties globalement satisfaites de cette expérience enrichissante tant sur le plan humain que sur nos pratiques pédagogiques. Pour autant nous avons décidé de ne pas reconduire l'expérience d'animation en « rejouant » le MOOC puisque cette activité de conception et d'animation a été considérée par notre institution comme « une activité périphérique » non valorisée dans notre charge de travail d'enseignantes. À titre informatif, l'animation quotidienne de notre MOOC (réponses aux questions, animation des forums, etc.) pendant 11 semaines au total (pour les 2 parties) occupait une heure par jour y compris weekend et jours fériés.

Nous nous organisions toutes les deux pour assurer des tours de garde pour répondre ou alimenter en continu les échanges. Malgré le plaisir retiré et une certaine forme d'ivresse vécue grâce à cette expérience, nous avons considéré que ce n'était pas rendre service à la communauté des enseignants que de se livrer à cette activité sans reconnaissance en termes de temps libéré sur les activités habituelles ou de rémunération complémentaire.

Conclusion partie 1
___

Depuis notre idée initiale de laisser imaginer à chaque étudiant son propre objet d'apprentissage, nous avons cheminé, nous avons utilisé des outils différents, et l'avons faite évoluer au fur et à mesure du développement du numérique, des comportements des étudiants, des remarques de nos collègues, des professionnels à qui nous en avons parlé et de nos diverses expériences. Au fil de ces évolutions, nous avons conservé un ADN intuitif que nous avons désigné sous des expressions successives (Annexe 4 : évolution des expressions pour désigner notre méthode et des cadres conceptuels mobilisés). Ce que nous considérions au départ comme une innovation pédagogique est devenue notre méthode, qui rend l'étudiant acteur de son apprentissage. Nous en avons assumé explicitement la conception : nous sommes devenues auteures. En poursuivant nos interrogations, nous avons pris goût à une démarche de pratique réflexive dans laquelle nous nous reconnaissons pleinement aujourd'hui. À titre d'exemple nous avons pu nous nourrir de l'expérience vécue à travers le MOOC pour interroger et enrichir notre pratique pédagogique.

Cette pratique réflexive nous offre l'opportunité de conceptualiser les choix intuitifs que nous avons réalisés. C'est l'objet de la deuxième partie.

PARTIE 2

L'ADN de notre pédagogie

Dans la première partie nous avons décrit notre cheminement pédagogique intuitif, instinctif et expliqué en quoi et pourquoi nous avions finalement pris conscience que nos différents choix pouvaient être réunis dans ce que nous considérons désormais comme notre méthode : « Produit Fil Rouge : acquérir des compétences en marketing autrement. ».

Cette deuxième partie correspond à une démarche d'ordre réflexif. Elle s'attache à décrire les choix qui caractérisent cette méthode. Nous avons déjà expliqué que pour donner de la crédibilité à la rédaction du dossier PEPS et décrire le contenu de notre MOOC, nous avons cherché à prendre du recul sur nos initiatives pour les contextualiser de manière plus théorique en nous aidant de publications en Sciences de l'Éducation. Nous avons privilégié au fil de notre cheminement les travaux[25] qui « nous parlaient » c'est-à-dire ceux dont les développements nous procurent des outils au service d'une lecture possible de notre démarche (Annexe 4 : évolution des expressions pour désigner notre méthode et des cadres conceptuels mobilisés). Ils permettent d'identifier, de nommer, de cerner une problématique et des pistes de travail à partir d'autres réflexions[26]. Une fois identifiés, ces outils conceptuels nous procurent une double utilité. Nous les utilisons d'une part pour argumenter les choix qui caractérisent notre méthode pédagogique. C'est l'objet de cette partie. Nous les mobilisons d'autre part pour problématiser certaines de nos initiatives et proposer ainsi de nouvelles contributions par exemple lors de congrès. Nous exposerons d'ailleurs certaines de nos interrogations dans la partie suivante.

Le contexte pédagogique qui a déclenché notre envie d'enseigner autrement était, nous l'avons expliqué, marqué par la faible implication dans le travail des étudiants puisque nombre d'entre eux n'étaient pas

---

[25] Lorsque nous décrivons ces travaux le nom de ces auteurs est indiqué entre parenthèses ainsi que l'année de publication) une bibliographie récapitulative est fournie en fin d'ouvrage pour le lecteur soucieux d'approfondir ces questions
[26] Cette démarche correspond à celle du « praticien réflexif' » décrite par Bernard Wentzel- Actes de la Recherche, 2010, no. 8, https://doc.rero.ch/record/234561/files/DC_ActesRecherche_8_Recherche_et_formation_a_l_enseignement_16_36.pdf

capables de mobiliser correctement les connaissances transmises pour les appliquer à des situations d'évaluation. Depuis, les comportements et les besoins des étudiants ont évolué. Connectés, jonglant avec l'information, ils ont massivement contribué à introduire les nouvelles technologies dans l'enseignement supérieur. L'apprentissage « non pas *avec* mais à l'ère du numérique » influence leur rapport à autrui, à la connaissance et à l'autorité de l'enseignant (Cerisier, 2016)[27]. Il est aujourd'hui très difficile de capter leur attention de manière soutenue pendant un cours magistral. Selon certains, la consultation fréquente de formats audiovisuels dits rapides (télévision, jeux vidéo) habitue leur cerveau à être stimulé de l'extérieur seulement en dehors de tout effort conscient, ce qui rend d'autant plus difficile l'effort personnel (Desmurget, 2011)[28]. Pourquoi l'étudiant s'intéresserait-il au cours puisqu'il trouve « à peu près tout sur le web » ? Il s'agit donc de le motiver pour cela (Bouillier, 2015)[29].

Mais la motivation, source de persévérance dans le travail scolaire, est aujourd'hui une caractéristique d'apprentissage qui diminue au fil des années d'études (Viau, 2009)[30]. Une étude récente (Paivandi, 2015)[31] menée sur la « relation à apprendre » des étudiants français relève que près d'un étudiant sur deux adopte une posture de moindre mobilisation intellectuelle car il se situe dans une perspective d'apprentissage de type « minimaliste », (34 %) et se « contente consciemment d'un minimum indispensable pour valider ses cours » voire de « désimplication » (11 %).

---

[27] Cerisier J.F. (2016). « Usages et représentations du numérique chez les étudiants et enseignants du supérieur », Séminaire IDEFI Paré : La recherche au service de l'apprentissage et de l'enseignement dans le supérieur, 24 et 25 mai, Université de Poitiers.
[28] Desmurget M. (2011). Media modernes et passivité attentionnelle Cerveau&Psycho, 47, sept-oct, version pdf.
[29] Bouillier D. (2015). Projet Forecast : formation par la cartographie des controverses aux sciences et techniques, Journée IUTICE, 25 juin, IUT de Bayonne.
[30] Viau, R. (2009). « L'impact d'une innovation pédagogique : au-delà des connaissances et des compétences » in Innover dans l'enseignement supérieur, Paris, PUF. 183-198, Récupéré du site du Ministère de l'Education Nationale http://www.france-universite-numerique.fr/france-universite-numerique-enjeux-et-definition.html
[31] Paivandi S. (2015). Apprendre à l'université, Louvain, De Boeck.

Nous nous sommes intéressées aux travaux qui étudient les composantes de la motivation des étudiants et la façon dont l'enseignant peut influencer ces dernières. Les conclusions de ces travaux s'accordent sur le fait que des éléments propres à la personne (hédonisme, accomplissement) peuvent aussi bien jouer un rôle que des éléments relatifs à son environnement humain (la récompense, le vécu social par exemple) (Gurtner et al. 2006)[32]. L'ensemble de ces éléments se combinent pour former un processus dont la dynamique doit permettre à l'apprenant de répondre de manière positive à des questions du type : « Suis-je compétent par rapport à cette tâche ? Quelle est la difficulté de cette tâche ? Vais-je m'y engager ? ». Nous expliquons dans le chapitre 1 de cette partie comment et pourquoi nos choix pédagogiques aident l'étudiant à répondre de manière positive à ces questions. Nous verrons ensuite comment ces choix nous ont amenées à changer de posture pédagogique (chapitre 2) et à nous intéresser à l'approche par compétences (chapitre 3).

---

[32] Gurtner J-L., Gulfi A. Monnard I. et Schumacher J. (2006). Est-il possible de prédire l'évolution de la motivation pour le travail scolaire de l'enfance à l'adolescence ?, Revue française de pédagogie, 155, 21-33.

CHAPITRE 1

Motiver, impliquer les étudiants ?

Rolland Viau est un chercheur dans le département de pédagogie à l'Université de Sherbrooke. Ses travaux sur la façon de renforcer la motivation sont reconnus et très souvent cités dans les publications sur ce thème. Il explique que pour influencer les composantes de la motivation des étudiants, il faut leur proposer des dispositifs pédagogiques qui leur donnent davantage d'autonomie dans leur apprentissage, dont ils perçoivent l'intérêt, et qui favorisent la perception de leur propre estime (Viau, 2009)[33]. En lisant ses articles, nous avons pris conscience que ses propositions correspondaient particulièrement bien à une contextualisation théorique de nos initiatives.

1.1 Rendre l'étudiant acteur de son apprentissage

Au départ le choix de l'objet d'apprentissage

En décidant de proposer aux étudiants de choisir leur objet d'apprentissage (imaginer un produit et y appliquer les différentes dimensions du marketing) nous nous sommes engagées intuitivement dans un processus pédagogique rendant l'étudiant acteur de son apprentissage. La liberté d'agir de l'apprenant part du choix de son objet d'apprentissage, passe par la sélection des modes d'appropriation des supports théoriques de cours et se finalise par

---
[33] Ibid.

les options retenues par chacun pour le rythme de travail personnel et les postures d'apprentissage. Le fait que les apprenants choisissent eux-mêmes le sujet de leur apprentissage est une caractéristique spécifique du P.F.R. En effet, dans les formes de pédagogies adossées à un projet, les élèves ont surtout la possibilité de choisir « la forme de la présentation finale, de faire évoluer leur projet dans une certaine mesure, de déterminer les étapes de travail » (Reverdy, 2013)[34]. Par ailleurs, dans les pratiques actuelles d'enseignement du marketing, il arrive que les enseignants proposent aux étudiants de réfléchir au lancement d'un produit de leur choix. Cependant cette possibilité n'est pas insérée dans un dispositif combinatoire tel que le P.F.R. (pédagogie inversée et approche par les compétences).

Pour favoriser la participation de l'étudiant

En 2015 nous présentons une communication à Lille dans un colloque sur la formation à distance des adultes et jeunes adultes. Cela nous procure également l'occasion d'écouter une conférence de Michael Moore[35], chercheur américain dans le domaine de l'enseignement à distance. Elle porte sur le concept de distance transactionnelle. Ce dernier correspond en quelque sorte à la proximité pédagogique. Ce concept permet de décrire un programme d'enseignement en fonction de deux facteurs : le premier correspond à sa structure plus ou moins contraignante[36], le second aux modalités de dialogue[37] entre les enseignants et l'apprenant. C'est la combinaison entre ces deux éléments qui permet de caractériser la distance transactionnelle. La proximité pédagogique est plus forte quand les possibilités de

---

[34] Reverdy C. (2013). Des projets pour mieux apprendre? Dossier d'actualité veille et analyses, 82, Février, 1-24
[35] Moore M.G., (2015)."Transactional distance and e-learning", Colloque International CIREL : « E-Formation des adultes et des jeunes adultes », 03-04-05 juin, Lille.
[36] Standardisation du contenu, des supports proposés et de l'accès au cours en termes d'horaires et de lieux.
[37] Possibilité de poser des questions et possibilités de choix du mode de communication par l'étudiant.

dialogue augmentent ou quand l'étudiant a plus de possibilités de choix (la « structure » de l'enseignement diminue).

Nous avons compris ce jour-là que notre pratique pédagogique se caractérise par une courte distance transactionnelle puisque nos étudiants disposent d'une possibilité de dialogue avec nous et/ou qu'ils peuvent faire leurs propres choix dans la structure de notre enseignement. Ces possibilités ne sont pas sans importance, elles correspondent à l'un des trois facteurs de la dynamique motivationnelle, à savoir la perception de contrôlabilité qu'il est possible d'exercer sur la démarche d'apprentissage (Viau, 2006)[38]. Le concept de distance transactionnelle en pédagogie est en lien avec la notion d'ouverture du dispositif pédagogique. Ce sont les recherches d'Annie Jezegou en Sciences de l'Éducation et de la Formation à l'Université de Lille qui ont permis de la définir[39]. « L'ouverture en formation renvoie à un ensemble de dispositifs flexibles et individualisants dont la principale propriété est d'offrir à l'apprenant des libertés de choix pour qu'il puisse exercer un contrôle sur sa formation et sur ses apprentissages ».

Notre déplacement à Lille constitue pour nous une expérience réflexive majeure. Nous avons ressenti un indéniable plaisir de pouvoir relire notre pratique professionnelle à la lumière des concepts de distances transactionnelles et d'ouverture pédagogique. Nous sommes rentrées décidées à renforcer la formalisation de notre méthode autour de l'idée de laisser l'étudiant être acteur de son apprentissage. Nous avons notamment choisi d'inclure explicitement cette dimension que nous allions proposer aux étudiants la rentrée suivante. Sur notre site figure depuis une rubrique intitulée « être acteur ».

---

[38] Viau R. (2006), La motivation des étudiants à l'université : mieux comprendre pour mieux agir ? Conférence, Université de Sherbrooke.
[39] Sauvé, L., Charlier, B., Jézégou, A. et Racette, N. (2015, juin). Quel type de dispositif favorable à l'adulte en apprentissage ? : imposé ou libre ? Communication présentée au Colloque International CIREL : «E-Formation des adultes et des jeunes adultes». http://www.trigone.univ-lille1.fr/eformation2015

Une initiative appréciée par nos étudiants

Lors de la rédaction du dossier PEPS, en 2016 nous avions interrogé les étudiants à propos de leur perception des éléments susceptibles de mieux les motiver dans leur travail en marketing. Notre but n'était pas d'obtenir des statistiques mais plutôt de comprendre leurs attitudes envers notre pédagogie. Les expressions de réponse que nous avons recueillies confirment clairement leur intérêt pour le fait d'imaginer eux-mêmes leur objet d'apprentissage[40]. Ainsi le choix de leur produit est-il reconnu comme un facteur de motivation (« *On se sent beaucoup investi dans ce qu'on fait on croit en notre idée* », « *Oui pour se mettre à fond au travail* », « *On s'investit dans un projet qu'on a envie d'exploiter* »). La vision qu'ils ont de leur rôle s'en trouve modifiée (« *Pas comme un étudiant mais comme un entrepreneur* », « *Comme une semi-professionnelle* », « *Étudiant avec des responsabilités dans les choix* », « *Comme une mission d'entreprise* »). Entre septembre 2018 et juin 2020 nous avons bénéficié du support logistique du projet PARI[41] pour pouvoir interroger les étudiants de manière régulière et approfondie. Nous avons ainsi obtenu des résultats quantitatifs. Leur niveau de satisfaction envers ce que nous proposons s'avère élevé. En décembre 2018, 76 % déclarent être satisfaits ou très satisfaits par la façon dont l'activité pédagogique est organisée.

Par ailleurs, en ce qui concerne notre choix de les laisser autonomes dans leur apprentissage, plus de 60 % d'entre eux expriment une émotion positive (plaisir, fierté, soulagement) en réponse à la question « Choisissez l'émotion la plus proche de ce que vous avez ressenti à propos de l'autonomie qui vous est proposée dans le travail qui vous est demandé en marketing ».

---

[40] Les résultats complets sont présentés dans Chérel C., Lapassouse Madrid C., 2016, « Les motivations à apprendre des étudiants et l'enseignement du marketing : une analyse via la théorie de la distance transactionnelle en formation « Décisions Marketing, 83, oct-dec, 49-68.
[41] Le projet PARI (Passeport pour l'Université, Accrochage, Raccrochage, Insertion professionnelle) a été porté par l'IUT de Bordeaux et co-financé par le Fond Social Européen sur une durée de 3 ans. L'IUT de Bayonne et des acteurs locaux de la région Nouvelle Aquitaine (Mission locale, Pôle Emploi, etc.) sont partenaires de ce projet. Les actions qui ont obtenu le label Pari et dont nous avons fait partie ont bénéficié d'un suivi régulier.

Toutes ces observations nous confortent dans l'idée que nos choix sont pertinents pour favoriser leur motivation et nous encouragent à poursuivre dans le sens de nos actions pédagogiques actuelles.

1.2 Montrer l'intérêt de l'activité pédagogique proposée

Dans l'introduction de cette partie, nous avons expliqué que le deuxième déterminant de la motivation est le fait que l'étudiant perçoive l'intérêt de l'activité pédagogique qui lui est proposée. Nous allons voir pourquoi le principe même de notre démarche y contribue. Par ailleurs nous nous attachons en début de formation à expliquer l'intérêt de nos choix pédagogiques.

Une situation d'apprentissage authentique est proposée

Dans le cas de nos apprenants qui suivent une formation commerciale, l'intérêt accordé à l'activité pédagogique est directement lié au caractère professionnalisant de cette activité. Or le fait que les étudiants doivent concevoir la stratégie marketing d'un produit ou service qu'ils ont choisi contribue à mettre en place un contexte d'apprentissage réaliste.

Anne-Marie Duval et Mélanie Pagé[42] sont deux professeures québécoises. Nous avons retrouvé dans le livre qu'elles ont écrit la description d'un cadre théorique qui correspond à notre choix de faire travailler les étudiants sur un objet d'apprentissage qu'ils imaginent ; il s'agit de la pédagogie par situation authentique (2013).

L'intérêt de cette pédagogie par situation authentique est qu'elle permet aux apprenants de se projeter dans une situation de travail

---

[42] Duval, A.M., Pagé M. (2014), La situation authentique: de la conception à l'évaluation Montréal, Association québécoise de pédagogie collégiale. AQPC, 99p.

simulée pour y effectuer autre chose qu'une simple répétition de connaissances. Les tâches requises sont certes plus complexes mais leur caractère signifiant génère une motivation qui dépasse en général le seul désir d'obtenir une bonne note.

Cette pédagogie procure également une plus grande professionnalisation puisque le travail par projet qu'elle implique permet de progresser dans des domaines tels que la gestion du temps, le respect des délais et des consignes, l'organisation et la formalisation de sa recherche d'informations.

… et engendre des retours positifs

Là encore, dans l'enquête menée en 2016, les réactions de nos étudiants ont été clairement favorables, que ce soit à propos de l'intérêt de leur apprentissage (« *C'est professionnalisant* », « *Projet réaliste que l'on pourra faire dans notre carrière professionnelle* », « *Projet qui peut devenir réel* ») que de son utilité pour se former (« *Apprendre le cours d'une façon originale* », « *Mieux assimiler le cours que dans un cours théorique* », « *Bon cas pratique pour apprendre les notions de marketing* », » *On n'apprend pas par contraintes, on apprend mieux* »).

L'activité pédagogique que nous leur proposons présente également à leurs yeux l'intérêt de les aider dans leur orientation professionnelle, même s'ils viennent seulement de commencer leurs études (premier semestre de la première année d'IUT). Ils sont en effet près de 45 % à indiquer avoir précisé leur projet professionnel grâce à notre enseignement.

L'explication de notre démarche pédagogique

Au fil des années, et au fur et à mesure que nous nous engagions dans une pédagogie « originale » par rapport à ce qui était proposé aux étudiants nous avons remarqué qu'il était important de prendre le temps d'expliquer notre dispositif pour que soit clairement perçu son intérêt. Franck Amadieu[43], chercheur en psychologie à l'Université de Toulouse 2 s'intéresse à la manière dont on apprend à partir de ressources et d'outils numériques. Ses résultats (2016) nous ont fait prendre conscience que nous proposons une forme d'autonomie à laquelle la majorité des étudiants n'est pas habituée et qu'il fallait en quelque sorte « planter le décor » de la pédagogie inversée. À savoir bien préciser le rôle de chacun, élèves et enseignantes. Nous leur expliquons ainsi ce que signifie préparer réellement un cours en ligne (et non pas se contenter de regarder une vidéo), ce que doit être leur rôle pendant la séance en insistant sur la notion de proactivité. Nous décrivons également notre rôle de personnes ressources dans ce dispositif pour éviter les questionnements ultérieurs implicites sur le thème « mais si le cours est en ligne, à quoi servez-vous ? ».

Par ailleurs, nous décrivons les compétences qu'ils vont acquérir au fil de notre enseignement, nous leur expliquons dans quels domaines ils vont progresser et nous insistons sur le fait qu'ils vont également apprendre à mieux connaître leur propre processus d'apprentissage.

Nous accordons beaucoup d'attention à cette présentation de début de semestre. Nous la retravaillons à chaque fois. Nous ajoutons des précisions, supprimons ce qui ne nous semble plus essentiel, modifions les termes utilisés en fonction d'une part de notre expérience de l'année qui vient de s'écouler et d'autre part de communications, lectures qui nous ont fait cheminer sur tel ou tel point. Dans la présentation du second semestre nous intégrons notamment les

---
[43] Amadieu F. (2016), « Principes pédagogiques visant à améliorer la motivation et les stratégies d'apprentissage des étudiants », journée d'étude Motivation et engagement académique des étudiants, Université de Bordeaux, 15 juin.

résultats de l'enquête qui a été réalisée lors du semestre que nous venons d'animer et décrivons les améliorations que nous proposons d'apporter en retour. Quand nous expérimentons quelque chose de nouveau, ou que nous adaptons un aspect particulier à la lecture des résultats des enquêtes, nous l'indiquons aux étudiants en jouant la carte de la transparence.

Ainsi lorsque nous avons compris que le fait de les laisser imaginer un produit pouvait chez certains générer une anxiété de se tromper, de faire un mauvais choix au risque d'obtenir une mauvaise note finale, nous avons modifié la façon dont nous présentions nos consignes[44]. Nous avons expliqué que ces consignes n'étaient pas là pour les contraindre, au contraire, mais pour leur assurer un succès dans les travaux où nous les entraînons. Nous connaissons en effet par expérience les secteurs économiques pour lesquels il est plus compliqué de trouver l'information que nous leur demandons.

Nous nous sommes également rendu compte que ces présentations initiales qui se veulent pourtant avant tout attractives et explicatives devenaient très, trop longues au fur et mesure de notre réflexion. Tous nos étudiants ne souhaitent pas une présentation très détaillée de l'enseignement qu'ils vont suivre. Nous avons appris à utiliser notre site ressource également pour cet aspect, en revenant à une description de l'essentiel et en renvoyant ensuite à une lecture complémentaire pour les étudiants qui le souhaitent.

1.3 Permettre à l'étudiant de prendre confiance en ses capacités

Comme nous l'avons expliqué dans l'introduction de cette partie, la perception que l'apprenant a de sa propre compétence pour effectuer le travail qui lui est demandé constitue le troisième déterminant motivationnel. Si la tâche lui semble trop difficile à accomplir au regard

---

[44] Nous indiquons une liste de secteurs économiques dans lesquels il ne faut pas imaginer le produit.

de ce qu'il pense être capable d'accomplir, il se sentira démotivé. Comme le souligne Daniel Pennac[45] dans son roman, «... la douleur de ne pas comprendre, et ses dégâts collatéraux » peuvent entraver la dynamique motivationnelle de l'apprenant. Il ajoute également « j'existais scolairement aux yeux de quelqu'un, comme un individu qui avait une ligne à suivre, et qui tenait le coup dans la durée ». Notre responsabilité n'est-elle pas de faire prendre conscience à chaque apprenant qu'il possède des compétences, qu'il va en acquérir d'autres et que nous sommes là pour lui fixer un cap tout en le guidant dans son parcours en fonction de ses besoins spécifiques ?

Déstructurer le parcours pédagogique : donner plus de possibilités de choix

D'un point de vue théorique, le sentiment de compétence est impacté par le caractère structuré et les possibilités de dialogue qui caractérisent l'apprentissage. Dans un parcours structuré, en effet, les étudiants n'ont pas la possibilité de sortir du cadre qui leur est proposé pour l'adapter à leurs choix personnels, ce qui réduit probablement l'attractivité de l'activité. C'est grâce à des échanges riches entre l'enseignant et l'étudiant (donc des possibilités de dialogue) que ce dernier peut être rassuré sur sa propre compétence pour assurer la tâche qui lui est proposée.

Chaque étudiant peut solliciter l'une de nous en présentiel ou à distance à tout moment de son processus d'apprentissage.

Par ailleurs, les possibilités de dialogue sont également enrichies au niveau de l'évaluation. Le principe pédagogique de l'évaluation repose sur l'idée qu'il s'agit d'éviter de sanctionner un travail par manque de compréhension de la part de l'étudiant. Les étudiants font des choix dans leur apprentissage et les enseignants s'efforcent de les amener

---

[45] Pennac D. (2007) Chagrin d'école, Folio, p 20 et p 96-97

à leur meilleur niveau. L'évaluation s'effectue à partir d'une grille de compétences (Annexe 5 : exemple de grille d'évaluation) qui est mise à disposition sur le site et qui est présentée à l'étudiant dès le début du dispositif pédagogique. Cette grille, construite à partir des points du cours que l'étudiant doit avoir compris pour être capable de les appliquer à son produit, lui permet de s'autoévaluer. Il peut également se servir de la grille comme d'un cahier des charges général pour vérifier la progression de son travail. Ces deux aspects justifient le recours régulier aux conseils de l'enseignant, soit pour obtenir une explication supplémentaire, soit pour recevoir une validation partielle de sa démarche, ce qui le conforte dans la perception qu'il a de sa propre capacité à accomplir la tâche qui lui est confiée.

Pour favoriser la confiance en soi
___

Cette possibilité favorise la confiance en soi comme l'indiquent les réactions des étudiants interrogés en 2016 : « *Yes j'ai kiffé ma race. Si on se pose les bonnes questions on peut y arriver à la fin et le rendu du projet est enthousiasmant* ». « *Oui largement nous avons l'aide des professeurs petit à petit je remonte* ». Les possibilités de dialogues entre pairs sont également appréciées à ce niveau : « *L'entraide entre les étudiants essentielle pour se motiver, pour comparer avec d'autres pfr du même secteur, plutôt stimulante* ».

L'enquête en décembre 2018 nous confirme ces résultats. 47,76 % des étudiants interrogés déclarent aborder la suite du dispositif avec davantage de confiance. Si l'on met en perspective notre dispositif pédagogique avec les méthodes plus classiques, il apparaît que seuls 3,74 % des étudiants interrogés, dans des formations de même type affichent cette confiance pour transposer leurs connaissances et compétences dans des situations nouvelles.

Par ailleurs 67 % déclarent avoir réussi à maîtriser quelque chose qui constituait une difficulté et 58 % ont le sentiment d'avoir surmonté leurs difficultés.

1.4 Au final des étudiants plus motivés et une évolution de notre posture pédagogique

En introduisant cette partie nous avons expliqué que nous cherchions à renforcer la motivation des étudiants. En décembre 2018, lorsque nous sont communiqués les résultats de l'étude par l'équipe du projet PARI et pour laquelle nous ne maîtrisons pas la rédaction des questions nous découvrons avec plaisir que 89 % de nos étudiants répondent positivement à la question « j'étais motivé(e) au début de l'activité » et que 46 % le sont restés tout au long du semestre. Mieux encore, 82,7 % reconnaissent que « leur intérêt pour leur formation s'est accru » grâce à notre dispositif.

En décembre 2020, ce sont 96 % qui se déclarent motivés en début et 67 % qui le sont restés, malgré un semestre effectué dans les conditions relatives à la crise sanitaire.

En mettant l'accent sur le rôle joué par l'étudiant dans sa formation, nous avons ainsi réussi à renforcer sa motivation. Mais cette décision nous a aussi conduites à reconsidérer notre rôle d'enseignante.

Saïd Paivandi,[46] professeur de Sciences de l'Éducation à l'Université de Nancy considère comme dominante la logique éducative de transmission de connaissances (2016). En décidant d'expérimenter de nouvelles pratiques pédagogiques nous nous sommes « progressivement éloignées des rives familières de l'enseignement magistral » en faveur du développement des capacités à apprendre. L'accompagnement pédagogique s'est ainsi inséré peu à peu au cœur de notre relation éducative.

---

[46] Paivandi S. (2015). Apprendre à l'université, Louvain, De Boeck.

CHAPITRE 2

Être côte à côte et non plus face à face

Le thème de l'accompagnement n'est pas à l'origine associé à l'Université mais il en devient une composante dans la continuité des politiques publiques pour lutter contre un échec de masse en premier cycle (Cosnefroy et Annoot, 2014).[47] Ce dernier est alors mis en place pour conseiller notamment les étudiants pour la définition de leur projet d'études, leur méthode de préparation aux épreuves d'examen. Nous souhaitons écarter de nos développements cette relation de type « tutorat ». Nous considérons en effet l'accompagnement uniquement lorsqu'il est mis en place avec une volonté pédagogique associée à un enseignement, c'est-à-dire qu'il fait partie « d'un certain nombre de conditions cognitives, matérielles, relationnelles, temporelles auxquelles les élèves sont confrontés » (Bru, cité par Duguet et Morlaix [2013])[48].

2.1 Accompagner : c'est-à-dire ?

Le concept d'accompagnement peut revêtir une pluralité de formes [Mikaïloff, 2015][49]. Différentes postures d'accompagnement sont envisageables, comportant des niveaux plus ou moins élevés

---

[47] Cosnefroy L., Annoot E. (2014), « Pourquoi s'intéresser à la posture d'accompagnement dans l'enseignement supérieur aujourd'hui ? », Recherche et formation, 77,| pp. 9-15.
[48] Duguet A., Morlaix S. (2012), Les pratiques pédagogiques des enseignants universitaires : Quelle variété pour quelle efficacité ?, Questions Vives, Vol.6, 18, http://journals.openedition.org/questionsvives/1178
[49] Mikaïloff N. (2015), L'accompagnement individuel des élèves par le Conseiller Principal d'Education, entre éthique et responsabilité. Étude compréhensive d'une posture en tension Thèse pour obtenir le grade universitaire de docteur de l'Université d'Aix-Marseille.

d'autodidaxie [Alves et Hélène 2016[50], Albero, 2014[51]] mais dans tous les cas, il ne s'agit ni d'une simple relation d'aide ni de guidage puisque c'est une relation éducative qui s'instaure à la demande de l'apprenant. L'accompagnateur doit être garant d'un contexte qui permette le cheminement de chacun en favorisant le déclenchement d'un « travail sur soi » vecteur d'apprentissage [Mikaïloff, 2015][52]. Cette posture modifie la traditionnelle relation enseignant - étudiant afin de passer par-dessus la notion de rapport de force. L'enseignant accompagnant est en retrait puisqu'il ne montre pas le chemin mais aide à le choisir [Mikaïloff, 2015].[53]

La prise de conscience des caractéristiques de l'accompagnement est nécessaire pour en mesurer les enjeux. Il faut faire le deuil de la posture transmissive collective, puisque la relation revêt de surcroît un caractère individuel où il s'agit d'accompagner au rythme d'apprentissage de chacun.

Cette logique renvoie à l'attitude par rapport à l'erreur qui doit être considérée comme un élément de progression [Milgrom E, 2010][54]. Il n'est pas toujours facile de manifester systématiquement sa confiance envers la capacité de l'étudiant à progresser à chaque interaction individuelle.

La difficulté consiste ici à faire évoluer sa propre impatience personnelle pour ne pas corriger directement en donnant immédiatement la bonne réponse, de manière à laisser l'apprenant trouver par lui-même pour l'en féliciter ensuite.

L'accompagnement proposé s'il est bienveillant n'est pas pour autant dénué d'exigences fortes. Si le niveau de compétences à acquérir

---

[50] Alves S., Hélène L. (2016), « Le professeur se réinvente : la révolution du « Smarty « ! », Annales des Mines - Gérer et comprendre, 4, 126, 39-50.
[51] Albero B. (2014), La pédagogie à l'université entre numérisation et massification. Apports et risque d'une mutation in La pédagogie universitaire à l'heure du numérique, De Boeck, Louvain, pp. 27-54.
[52] Ibid.
[53] Ibid.
[54] Milgrom E. (2010), « Réussite et échec: du droit à l'erreur au rapport d'erreur ». p 293-311

n'est pas atteint, cela se traduira dans l'évaluation du travail final. Les notes attribuées peuvent être très basses ou au contraire élevées. L'investissement et l'engagement dont peuvent faire preuve certains étudiants ne sont pas toujours récompensés en termes de notes. La difficulté pour nous, enseignantes, est de bien distinguer l'affect et la compétence à valider. Les grilles d'évaluation précises que nous avons élaborées nous y aident grandement ainsi que la double correction que nous réalisons, double correction pour nous assurer qu'une compétence est précisément et complètement validée.

2.2 Animer en accordant à chaque étudiant le temps dont il a besoin pour apprendre

La question des rétroactions : guider sans contraindre

La pédagogie d'accompagnement qui caractérise notre posture suppose comme son nom l'indique des échanges réguliers et individuels avec chaque apprenant, afin de bien évaluer sa progression dans son apprentissage. Il s'agit de ce que Angelo & Cross [1993][55] ont défini comme des rétroactions c'est-à-dire des « actions orales ou écrites de l'enseignant venant en réponse à un travail de l'apprenant et qui proposent une correction commentée exprimant un jugement de valeurs argumenté afin de lui permettre d'approfondir sa connaissance et de lui indiquer comment y parvenir » [Rodet, 2000][56]

Nous avons personnellement ressenti la difficulté de « doser » notre intervention de manière à offrir une réponse appropriée au besoin. En effet, le choix de laisser l'étudiant acteur de son apprentissage suppose que nous n'imposions pas nos questionnements à propos de l'avancée

---

[55] Angelo, T. A., Cross, K. P. (1993). Classroom assessment techniques: a handbook for college teachers (2nd ed). San Francisco: Jossey-Bass Publishers.
[56] Rodet, J. (2000). La rétroaction, support d'apprentissage ? [En ligne], consulté le 15 mai 2017. URL : http://cqfd.teluq.uquebec.ca/distances/D4_2_d.pdf

de son travail et que soyons disponibles lorsqu'il souhaite échanger avec nous à propos de son travail sans pour autant aller le solliciter s'il ne l'a pas souhaité. Toute la difficulté est donc de trouver un mode d'accompagnement équilibré entre l'autonomie laissée à l'étudiant et la recherche d'une efficacité afin que les périodes en présentiel se « déroulent comme de véritables laboratoires sans perte de temps » comme le suggèrent Duval et Pagé [2013][57].

Cette perspective suppose une prise de conscience de la singularité des rythmes d'apprentissage, de la nécessité de respecter le rythme de chacun sans le juger. Il s'agit parfois de maîtriser sa réactivité personnelle, ses émotions [« *on ne va pas y passer la nuit* »] afin d'être prêt à apporter individuellement au bon moment pour chaque apprenant les mêmes éléments, donc à répéter autant de fois que nécessaire…

Enfin la nécessité d'être bienveillant sans pour autant perdre « son âme pédagogique » requiert une importante confiance en soi. En effet, l'accompagnement pédagogique induit une dimension humaine qu'il faut arriver à dépasser pour vérifier la progression vers les apprentissages attendus. Il faut pouvoir argumenter avec précision – par exemple à partir d'un cahier des charges conçu à l'avance avec rigueur – pour expliquer pourquoi l'objectif n'est pas atteint. L'exigence avec un regard bienveillant demeure au cœur des préoccupations.

D'une salle de classe classique à un espace d'animation

Ce parti pris génère nécessairement une « vie de classe » différente de celle que l'on peut observer dans le cas d'une posture pédagogique de type « transfert de connaissances ». Ainsi, au-delà des inévitables consultations des ordinateurs pour faire autre chose que ce qui est

---

[57] Duval, A.M., Pagé M. (2014), La situation authentique: de la conception à l'évaluation Montréal, Association québécoise de pédagogie collégiale. AQPC, 99p.

conseillé, nous avons également observé que les étudiants changent de place pour discuter entre eux et confronter leurs idées, s'assoient par terre avec leur ordinateur sur les genoux pour être plus près des prises électriques et réfléchir tranquillement, écoutent parfois de la musique pour mieux se concentrer, en somme qu'ils cassent les codes d'une classe classique.

Nous avons mis en place des règles de fonctionnement qui sont présentées en début d'année. Ces dernières nous permettent de parvenir à instaurer un climat qui favorise un travail efficace. Nous avons également observé qu'en fin de projet, les rétroactions portent alors sur des éléments incontournables, qui seront la clef d'une évaluation réussie. Les étudiants deviennent de plus en plus demandeurs et nous sommes confrontées à la limite de l'accompagnement personnalisé. Il s'agit alors de gérer les « étudiants suiveurs » à savoir ceux qui n'attendent pas leur tour et se déplacent pour nous rejoindre, ceux qui nous attendent en témoignant leur impatience etc. Comment répondre à chaque étudiant en présentiel sans engendrer chez lui le sentiment d'une indisponibilité de notre part, qui générerait également de la frustration chez l'enseignant ?

Nous avons tout d'abord observé que la disposition physique de la salle jouait un rôle important. Au-delà d'une circulation facile de l'enseignant parmi les étudiants, il faut qu'elle autorise des accès simples au bureau de chaque étudiant, voire la possibilité de s'asseoir à côté de chacun d'eux, ce qui confère un sentiment de plus grande disponibilité dans l'accompagnement.

Une autre réponse nous paraît également pertinente : fournir aux étudiants à l'aide de notre site internet des outils d'autoévaluation qui leur permettent d'adopter une posture réflexive sur leurs apprentissages. Ce travail d'autoévaluation leur permet ainsi d'attendre notre disponibilité de manière active.

En décembre 2018, comme nous l'avons expliqué dans la première partie, nous bénéficions pour la première fois du soutien logistique du projet PARI pour interroger les étudiants de manière approfondie. Depuis notre participation au congrès de Lille en 2015 nous nous sommes engagées de plus en plus dans une animation de séance revendiquant l'autonomie laissée aux étudiants. Nous avons lu[58] en effet que les étudiants peuvent parfois considérer l'accompagnement comme « une forme de "démission" de l'enseignant qui se "décharge" ainsi de ses responsabilités et ne "fait pas son travail". Toutefois à chaque fois que nous débutons une animation auprès d'un nouveau public nous prenons soin d'expliquer notre rôle et le leur dans l'enseignement que nous leur proposons.

Nous décidons de les interroger sur ce point[59]. Les résultats nous confirment que nous sommes sur la bonne voie. 31 % déclarent en effet « C'est un mode d'organisation individuel qui me convient tout à fait et me permet d'être autonome dans mon travail » et 51 % que « ce mode me convient globalement. »

En décembre 2020, à la sortie d'une période à la fois en présentiel masqué et à distance, nous renouvelons cette interrogation en leur posant une question plus précise sur le rôle de l'accompagnement que nous leur proposons. 39 % répondent « il m'encourage dans mes efforts » et 44 % "il me permet d'avoir confiance dans ma progression ». Seuls 4 % ont choisi la modalité de réponse "me perturbe car je ne sais pas où j'en suis".

L'accompagnement est souvent décrit comme quelque chose de difficile à vivre par les enseignants universitaires "Accompagner place l'enseignant dans une posture parfois inconfortable en ce qu'elle le confronte à une relation moins frontale, plus horizontale

---

[58] Ait Abdesselam N., Bros F., (2013), L'université à l'épreuve de la professionnalisation, le cas des licences professionnelles, Actes Colloque QPES 2013, Sherbrooke, pp. 736-744
[59] La question posée est « En début d'année il vous est expliqué qu'en marketing un travail est à faire pendant chaque séance en présentiel et que c'est à vous de solliciter l'enseignante chargée d'animer la séance si vous n'arrivez pas à effectuer ce travail. Sinon elle ne vient pas vérifier systématiquement votre démarche ».

à l'étudiant"[60]. L'enseignant regrette de ne plus être le référent principal de la transmission de connaissances et craint une perte de prérogatives. Nous n'avons pas du tout la même perception bien au contraire, nous nous épanouissons professionnellement dans cette relation pédagogique différente. Cette expérience et les réactions des étudiants nous encouragent à aller plus loin dans la transformation de notre posture pédagogique.

---

[60] Ibid.

CHAPITRE 3

*« Un étudiant savant, tu ne deviendras pas.
Un étudiant compétent, tu seras »*

L'approche par les compétences n'est pas en soi une innovation[61]. Mais dans notre univers universitaire français où la culture de la seule transmission de connaissances est souvent le principal fer de lance de la pédagogie, sa mise en œuvre revêt un caractère véritablement transformateur.

3.1 « Le grand saut »

Approche par compétences : un changement de culture

La notion de compétence s'appuie sur l'idée qu'une personne est capable d'utiliser ses connaissances pour les mettre en œuvre dans une situation qui lui est proposée, développer des compétences à travers l'action, c'est-à-dire d'apprendre en agissant. Un enseignement qui a pour objectif de faire acquérir des compétences requiert donc une posture différente de la transmission de connaissances.

Le second point qui différencie un dispositif pédagogique par compétence est la nécessité de respecter le rythme individuel : chaque apprenant ne devient pas compétent au même rythme et les enseignants doivent donc apprendre à accompagner leur progression de manière individuelle.

---

[61] Le Royaume-Uni, la Suisse et la Belgique ont été parmi les premiers pays à vouloir repenser leurs systèmes éducatifs selon cette approche.

Enfin, une compétence ne se note pas. Par analogie avec l'obtention du permis de conduire, elle est acquise ou non. Sa validation doit s'appuyer sur des grilles de compétences, à savoir des listes de compétences techniques et méthodologiques à acquérir.

Accompagnement, personnalisation et évaluation sont donc les trois dimensions du changement de culture pédagogique que requiert l'approche pédagogique par compétences.

Les raisons de notre conversion à l'approche par compétences

Les choix pédagogiques que nous avons décrits portaient en germe les principes de l'approche par compétences. Nous avons notamment formalisé très tôt une grille d'évaluation rédigée dans cette logique.

Par ailleurs, comme nous l'avons expliqué précédemment, une approche par compétences a été retenue lors de la conception du MOOC en 2016. Les modalités de certification mises en œuvre ont été pour nous l'occasion d'expérimenter pour la première fois le fait d'évaluer selon une perspective différente d'une notation graduée. Comme ce fût souvent le cas dans notre cheminement, il nous a semblé difficile de revenir en arrière. Sans formaliser un discours explicite, nous utilisons de plus en plus les références à la culture de l'acquisition de compétences, par exemple lorsque nous participons à des congrès en 2017 et 2018.

Parallèlement s'est enclenchée une réforme profonde du diplôme délivré par notre institution. À la rentrée 2021, le DUT devient un BUT (Bachelor Universitaire de Technologie), diplôme se préparant en trois ans et pour lequel l'arrêté ministériel introduit explicitement la notion de compétences dans la pédagogie (« La pédagogie doit faire une large place à l'initiative de l'étudiant et à son travail personnel, pour mettre en œuvre et démontrer les connaissances et les compétences acquises », « Les parcours de formation sont structurés en ensembles cohérents d'unités d'enseignement permettant l'acquisition de blocs de connaissances et de compétences »[62]). De nombreux échanges et réunions entre collègues se tiennent alors, comme souvent dans le cas de la perspective d'une réforme ministérielle. Beaucoup d'entre nous sont inquiets à la perspective de ce qui s'annonce comme un véritable changement culturel.

Nous ne ressentons pas cette inquiétude. Au contraire, notre posture pédagogique orientée sur l'accompagnement nous a préparées à ce « grand saut ». C'est à la rentrée 2019 que nous décidons de franchir le pas et de renommer notre méthode « PRODUIT FIL ROUGE : acquérir autrement des compétences en marketing en choisissant son objet d'apprentissage et son rythme d'évaluation. »

À chaque rentrée nous présentons notre démarche pédagogique à nos nouveaux étudiants. Pour la présentation de septembre 2019, nous décidons d'utiliser un discours explicitement orienté sur les compétences et de nous appuyer pour ce faire sur une analogie avec l'obtention du permis de conduire. Nous leur résumons nos principes sous formes de 10 commandements dont nous vous proposons ici quelques extraits : « Un permis de concevoir une stratégie marketing, tu obtiendras », « C'est pour l'appliquer que tu comprendras le code (=cours) », « Le code en ligne, tu bosseras en autonomie avant de l'appliquer », « un étudiant savant, tu ne deviendras pas. Un étudiant compétent, tu seras ».

Nous avons véritablement le sentiment de tenir un discours de « martiennes » et nous vivons cette rentrée avec une grande impatience et une certaine forme d'anxiété par rapport à leur réaction. Nous qui aimons sortir de notre zone de confort, c'est réussi.

---

[62] Arrêté du 6 décembre 2019 portant réforme de la licence professionnelle https://www.legifrance.gouv.fr/loda/id/JORFTEXT000039481561/2020-12-18/

De fait, ce n'est pas la logique d'accompagnement inhérente à cette approche qui nous inquiète, nous la pratiquons déjà, mais notre décision de modifier de manière radicale nos modalités d'évaluation.

3.2 Adapter les parcours d'évaluation au rythme de l'étudiant

Lorsqu'une évaluation est utilisée pour diagnostiquer des apprentissages, il s'agit de fournir aux apprenants une situation complexe dans laquelle ils doivent montrer qu'ils se sont suffisamment appropriés les connaissances théoriques mises à leur disposition pour être capables de les mobiliser et de les mettre en pratique de manière pertinente. (Jouquan et al. 2013)[63]. Mais l'individualité du cheminement d'acquisition est déterminante. Nous avons donc cherché à adapter nos modalités d'évaluation en remettant en question ce que nous pratiquions jusqu'à présent, à savoir le dépôt d'un livrable en fin de semestre.

La construction de DE

En repartant du contenu que nous attendions dans le livrable et en nous aidant de la grille d'évaluation que nous avions rédigée depuis de nombreuses années, nous avons identifié les éléments qui seront à prendre en considération pour apprécier si l'étudiant a ou non développé sa compétence au niveau attendu par rapport à notre vision d'un étudiant diplômé. De manière générale, il est difficile d'arriver à discerner l'essentiel des apprentissages que tous les apprenants doivent maîtriser. Par ailleurs, une fois ces apprentissages identifiés il faut expliciter de manière précise les transformations attendues,

---

[63] Jouquan J., Romanus C., Vierset V., Jaffrelot M. et Parent P (2013) « Promouvoir les pédagogies actives comme soutien à la pratique réflexive et à l'apprentissage en profondeur » in Florence Parent et al., Penser la formation des professionnels de la santé De Boeck Supérieur, pp. 245 - 283
https://www-cairn-info/penser-la-formation-des-professionnels-de-lasante---page-245.htm

les modes d'évaluation. Dans notre cas, nous étions culturellement prêtes à cette identification des apprentissages critiques. Par ailleurs, la force de notre travail en équipe nous a permis d'être sur la même longueur d'ondes pour expliciter les modalités d'évaluation de ces apprentissages critiques.

Nous avons choisi de répartir ces compétences de manière chronologique sur une série de documents, intitulée documents d'étapes (D.E.). Chaque DE correspond à une compétence qui doit être validée par l'étudiant. Pour ce faire, il doit rendre compte d'une manière précise de la façon dont il est capable d'appliquer les ressources théoriques à la situation authentique, réelle représentée par le produit qu'il a imaginé (Annexe 6 : exemple commenté d'un document d'étape).

La proposition qui a été faite aux étudiants était celle d'une évaluation articulée sur une validation successive des différents DE, à leur rythme. La possibilité leur est donnée de tenter plusieurs fois cette validation avant la deadline finale de fin de semestre.

La question de la notation

Le modèle universitaire individuel de la transmission du savoir a des implications majeures en termes de culture de l'évaluation (Gauthier et al. (2007)[64]. Elle privilégie de manière générale l'obtention d'une bonne réponse et reproduit généralement le phénomène de "constante macabre"[65]. En revanche, la mise en situation de l'apprenant pour

---

[64] Gauthier R.G, Caffin-ravier M., Descamps B., I Mosnier M, Peretti H (2007) « L'évaluation des étudiants à l'Université : point aveugle ou point d'appui ?» Rapport à madame la ministre de l'enseignement supérieur et de la recherche https://cache.media.enseignementsup-recherche.gouv.fr/file/IGAERN_/06/2/evaluation_22062.pdf
[65] André Antibi désigne ainsi le fait que dans la majorité des évaluations les notes se répartissent à peu près en courbe de Gauss : beaucoup de notes moyennes, pas trop mauvaises ou bonnes sans plus, et aux extrémités, quelques très bonnes ou très mauvaises notes, quel que soit le sujet de l'examen et quel que soit le correcteur. Antibi A. (2003), La constante macabre ou comment a-t-on découragé des générations d'élèves, Math'Adore, 159 p.

évaluer ses apprentissages supprime l'aspect gradué de la notation : la compétence est validée ou pas. Il nous fallait traduire en note notre démarche de validation. Pouvons-nous « rêver » à une possible suppression des notes pour s'acheminer vers la seule validation ou non des compétences ? À l'instar de l'obtention du permis de conduire, l'apprenant validerait ou non sa compétence à conduire et à se voir délivrer son certificat de compétence.

Cette logique bouscule nos habitudes et nous pousse à quitter notre zone de confort pédagogique. En effet, elle nous amène également à nous questionner sur la traduction de la validation de la compétence en note, puisqu'il faut bien ensuite rejoindre le cadre général du diplôme. Culturellement la validation peut-elle se traduire par la note de 10/20 ? Est-on en mesure de prendre suffisamment de recul par rapport à la « constante macabre » pour considérer que cette « moyenne », loin de constituer une évaluation a minima d'un niveau est en fait le chiffre qui traduit l'acquisition d'une compétence ? Cela nécessite une introspection pédagogique pour être au clair avec ce que l'on attend des étudiants et ce que signifie véritablement l'attribution de cette note.

Nous avons donc annoncé aux étudiants que tout DE[66] validé permettrait d'obtenir la note de 10. Nous avons raisonné initialement en suivant notre culture de la moyenne. Au fil des validations des DE nous nous sommes rendu compte que notre exigence sur le travail attendu s'était élevée, parce que nous avions recentré nos attentes sur des points essentiels et que nous ne laissions passer aucune imperfection pour valider la compétence concernée. Au final, le niveau de chaque document était bien meilleur que le travail remis les années précédentes. C'est pourquoi nous avons sans hésiter attribué l'équivalent de la note de 12/20 l'année suivante à un document validé lorsque les étudiants nous ont indiqué dans les réponses de l'enquête qui a suivi qu'ils considéraient « qu'obtenir un 10 pour tout le travail qu'il fallait fournir était très peu payé ». En revanche,

---

[66] DE = Document d'Étape

lorsque nous devons noter des DE qui n'ont pas été évalués dans le cadre du parcours accompagné et qu'ils ne sont pas validables, nous n'hésitons pas à mettre une note très basse [moins de huit sur vingt] si nous constatons ce que nous appelons une « erreur fatale » [un apprentissage dont l'absence de maîtrise est rédhibitoire]. Dans certains groupes où la culture n'est pas orientée sur la dispersion des notes, il nous arrive d'avoir à expliquer et justifier nos choix de notes de manière fortement argumentée.

La mise au point d'un processus d'évaluation

« Sur le papier », lorsque nous avons conçu ce dispositif tout nous semblait clair, pertinent et cohérent avec notre volonté de nous engager dans une évaluation par les compétences.

Dans la réalité nous nous sommes rapidement trouvées confrontées à la nécessité d'évaluer de nombreux documents d'étapes... Notre choix était de pouvoir délibérer ensemble tout au moins à propos de la validation d'un document. Pour nous, cette double lecture est une garantie contre les risques de partialité liés aux limites de la posture d'accompagnement. En effet, il faut arriver à s'extraire de la relation d'accompagnement pour évaluer ce qui a été demandé sans pour autant prendre en compte la quantité de travail de l'apprenant ou la rapidité de sa compréhension. Il s'agit de formuler un message sur la compétence de la personne et non sur la personne elle-même.

Une double lecture présente aussi pour nous l'intérêt de limiter les erreurs de jugement. En effet, le caractère binaire de la validation d'une compétence pose la question de la définition complexe du point de bascule de cette validation. Quels sont les apprentissages dont l'absence de maîtrise est rédhibitoire ?

Un autre problème que nous a posé l'évaluation par compétences est la nécessité de faire en même temps des retours à chaque étudiant sur les raisons pour lesquelles nous ne validions pas son document. Le caractère binaire de cette évaluation bouscule la graduation des notations à laquelle ils sont habitués et provoque au passage des réactions de surprise chez les apprenants. En cas de non validation, il faut alors être en mesure de faire un retour argumenté sur la non validation, à l'aide de la grille d'évaluation que nous avons évoquée dans la section précédente.

Pour s'adapter à ces changements nous dû imaginer une organisation adaptée et renforcer le recours aux outils numériques. Ces derniers ont largement fait la preuve de leur efficacité pendant le confinement de Mars 2020 qui a suivi notre passage à l'évaluation par compétences.

Vers une usine à gaz ? Non, un plaisir et une fierté accrus

Vu de l'extérieur, ce processus d'évaluation commun d'une dizaine de documents d'étapes par étudiant sur un semestre peut paraître extrêmement complexe et susciter l'interrogation du lecteur. Tout cela pour quoi faire au final ? Pourquoi ne pas recourir à une correction de copies traditionnelles ?

Nous ne regrettons rien. Nous aurions justement du mal à revenir en arrière. Cette organisation renforce notre plaisir d'enseigner en permettant notamment de mesurer pas à pas les progrès des apprenants dans leur apprentissage. Chaque processus est individuel. Chaque séance d'animation recèle de bonnes et… de moins bonnes surprises. Tel étudiant peut mettre beaucoup de temps à valider son premier document et accélérer ensuite comme si nous avions déclenché quelque chose. Tel autre peut attendre la dernière minute et valider tout dès le premier essai. D'autres peuvent démarrer de manière très performante et avoir ensuite besoin d'un accompagnement plus poussé. D'autres enfin sont longuement accompagnés, tentent plusieurs fois la validation et finissent, enfin, par y arriver. Nous partageons la fierté qui se lit alors dans leurs yeux.

Et les apprenants ? Comment vivent-ils ce changement de culture ? En décembre 2020, nous les avons interrogés à ce propos. Cette enquête sera commentée plus largement dans le premier chapitre de la partie 3 mais nous souhaitons citer quelques résultats notables. À la question "Choisissez l'émotion la plus proche de ce que vous avez ressenti à propos du fait de suivre un apprentissage qui valorise les compétences et pas seulement les connaissances » 36 % ont exprimé la fierté et 12,7% le plaisir....

« Tu me dis j'oublie,
Tu m'enseignes je me souviens,
Tu m'impliques j'apprends. »

Cette réflexion d'un penseur chinois confucianiste[67] résume finalement ce que nous avons essayé de décrire dans cette seconde partie, à savoir notre refus de la seule transmission de connaissances, notre volonté d'impliquer nos apprenants. Nous y apporterons uniquement une modification : tu m'impliques, j'apprends et je deviens compétent.

---

[67] Attribuée à tort à Benjamin Franklin https://dicocitations.lemonde.fr/citations/citation-47335.php

PARTIE 3

Nos interrogations actuelles/nos chantiers

Nous l'avons expliqué, notre démarche pédagogique n'est pas statique. La description de son ADN s'appuie sur des postulats auxquels nous sommes désormais fidèles. Pour autant, cette fidélité n'est pas une source d'immobilisme.

Cette troisième partie s'attache à décrire les domaines d'interrogations qui nous dynamisent actuellement à savoir la prise en compte des émotions des étudiants, la transmission de notre vécu pédagogique et l'exploration du courant pédagogique de l'éducation nouvelle.

CHAPITRE 1

Au final les émotions des étudiants

Au fur et à mesure de notre accompagnement dans l'évaluation par compétence nous avons encore davantage pris la mesure des différences individuelles de rythme d'acquisition. Nous rencontrons souvent ce que nous nommons des « bonnes surprises » c'est-à-dire l'accélération d'un processus d'apprentissage après une longue période de démarrage, en particulier pour les apprenants qui apprécient le travail en autonomie et qui savent faire preuve d'une « auto-organisation » de leur parcours d'apprentissage.

L'observation de ces différences de parcours nous a progressivement amenées à nous questionner sur les facteurs qui pouvaient constituer des freins, ou au contraire des éléments dynamisants. En mars 2019 nous avons relevé le fait que 73 % des étudiants se déclaraient anxieux ou nerveux. Une étude qualitative complémentaire menée en juin 2019 a permis de mettre à jour le lien entre la volonté de bien faire, de fournir un travail à la hauteur de l'engagement affectif qui relie les étudiants à leur objet d'apprentissage et cette anxiété.

Notre vision de la vocation du métier d'enseignant n'est pas de créer de l'anxiété chez les apprenants. C'est pourquoi, fortement interpellées par ces résultats, nous nous sommes questionnées sur le rôle des émotions. D'abord de manière plus intuitive que formalisée car nous avions une fois de plus l'impression de nous éloigner des rives traditionnelles de la pédagogie. Ce qui n'était au départ qu'une idée, s'est confirmé en problématique lorsque nous avons découvert à la faveur d'un congrès en Espagne qu'un ouvrage existait sur ce thème[68]. Son chapitre consacré à l'anxiété nous a interpellées. L'auteur la considère comme une émotion qui est souvent négligée alors qu'elle peut être à la source de plusieurs types de comportements pour éviter l'échec[69]. Nous avons donc cherché à comprendre comment cette perception négative pouvait émerger. D'après Frédérique Cuisinier[70], « dans sa conquête des savoirs et des compétences, l'enfant est sans cesse confronté à la nouveauté et/ou à la difficulté. De fait, il est perpétuellement en situation de déséquilibre et d'inconfort […]. Il peut être ainsi tenté de saboter activement les chances de succès en supprimant l'effort et en choisissant le désengagement ».

En conséquence, il importe que l'accompagnement pédagogique permette d'inscrire ce déséquilibre dans un contexte de sécurité favorable à la régulation des émotions générées par l'activité d'apprentissage. Nous partons du principe que ce qui est valable pour l'enfant en matière d'apprentissage reste valable pour de jeunes adultes étudiants d'autant que ce que nous nous proposons pédagogiquement est différent de ce qu'ils ont jusqu'alors vécu.

Ainsi, il n'est pas envisageable de déconnecter toute pratique pédagogique des émotions ressenties par les apprenants. Comme nous l'avons expliqué dans le chapitre 1 de la partie 2, nous avons depuis le départ cherché à travailler sur l'engagement de l'apprenant pour cultiver sa motivation. Ce qui nous intéresse plus spécialement ici est l'accompagnement proposé pour réduire l'anxiété et favoriser la progression, sur la construction d'une forme de proximité pour renforcer l'estime de soi et la confiance en ses capacités. Ces chantiers actuels ont pour seule vocation de créer un contexte d'apprentissage le plus propice possible à l'acquisition de connaissances et de compétences pour accompagner les apprenants vers la réussite. L'intérêt porté à ce que ressentent les étudiants ne s'inscrit pas

---

[68] Smith M. (2019) Las emociones de los estudiantes y su impacto en el aprendizaje, Ed. Narcea, Madrid, 205p
[69] Le pessimisme défensif, l'optimisme défensif et l'autolimitation, ibid.
[70] Cuisinier, Frédérique. « Émotions et apprentissages scolaires : quelles pistes pour la formation des enseignants ? », Recherche & formation, vol. 81, no. 1, 2016, pp. 9-21.

dans une démarche démagogique mais dans une volonté de mieux comprendre ce qui fait écho dans les processus d'apprentissage et l'ancrage mémoriel pour parvenir à la réussite.

1.1 Comment renforcer le rôle de l'ancrage émotionnel pour accroître les motivations d'apprendre pour devenir compétent ?

Nous avons compris que l'anxiété n'était pas forcément négative puisque comme l'explique De Ketele (2016)[71], « il n'y a pas que le plaisir, l'anxiété fait aussi partie de l'engagement émotionnel » et qu'elle était probablement liée au choix d'engager nos étudiants dans notre pédagogie. Nous avons également relevé que cet ancrage émotionnel compliquait l'acceptation d'une évaluation défavorable d'une compétence chez les étudiants. Effectivement, la majorité des apprenants s'attachent affectivement à l'objet d'apprentissage qu'ils ont personnellement choisi et il peut leur être difficile de considérer qu'une évaluation défavorable correspond à des compétences non validées et non à l'intérêt intrinsèque de leur projet.

Quand l'autonomie laissée aux apprenants peut générer de l'anxiété

« L'anxiété : oui, mais »… autant de voies d'interrogation pour poursuivre le cheminement de notre pratique réflexive et de pistes à explorer pour tenter de mettre en place des actions d'accompagnement. S'interroger sur l'intérêt d'une méthode d'enseignement en marketing en référence à la dynamique motivationnelle qu'elle peut susciter revient donc à évaluer la distance transactionnelle qui la caractérise et à privilégier les dispositifs qui réduisent la structure et/ou

---

[71] De Ketele J.M., (2016), Motivation et engagement : que nous dit la recherche, journée d'étude Motivation et engagement académique des étudiants, Université de Bordeaux, 15 juin.

augmentent les possibilités de dialogue, comme nous l'avons expliqué chapitre 1 Partie 2. Certes, tous les étudiants n'ont préalablement pas la même sensibilité aux caractéristiques des dispositifs, les apprenants très autonomes étant capables d'apprendre quel que soit le degré de dialogue (Annexe 7 : deux rappels théoriques sur la motivation et la distance en pédagogie) mais la majorité des étudiants n'a pas été préparée à cette autonomie par les années de collège et de lycée (Devauchelle, 2015).[72]

Comme nous l'avons expliqué, le premier acte d'autonomie réside dans la liberté laissée à l'apprenant dans le choix de son objet d'apprentissage. Il consiste à demander à chaque étudiant d'autodéterminer son objet d'apprentissage en lui donnant pour consigne de choisir un produit en lien avec ses intérêts personnels. Ce parti pris résulte du fait que l'engagement de l'apprenant sera d'autant plus fort qu'il va travailler sur un objet qu'il a lui-même choisi et pour lequel il ressent une certaine forme d'attachement. Ceci conduit à un ancrage émotionnel plus important puisque l'objet d'apprentissage est lié à un domaine personnel de l'étudiant auquel il peut s'identifier. Un certain nombre de consignes sont, au départ, communiquées aux étudiants et la validation que nous donnons s'appuie sur des critères relatifs à la faisabilité pédagogique. Elles proviennent de notre expérience de plusieurs années et des recherches parallèles que nous menons pour nous assurer de la faisabilité pédagogique en garantissant la possibilité de trouver les informations nécessaires. D'après Duval et Pagé (2014)[73], « le fait d'expliquer aux étudiants que les balises de choix tiennent compte des compétences à développer dans le cours et des différents types de savoirs à acquérir, permet de diminuer leur perception du risque quant à la réussite de leur évaluation en dépit de certaines variabilités d'un projet à l'autre ». Nous avons toutefois observé que cette liberté de choix pouvait faire naître chez certains

---
[72] Devauchelle B. (2015), Des compétences attendues demain aux innovations d'aujourd'hui, des défis pédagogiques pour le lycée comme pour l'université dans une société numérique, Journée IUTICE 25 juin, IUT de Bayonne.
[73] Duval, A.M., Pagé M. (2014), La situation authentique: de la conception à l'évaluation Montréal, Association québécoise de pédagogie collégiale. AQPC, 99p.

des freins d'ordre motivationnel liés à la perception d'un risque. La nouveauté du travail qui est proposé, les doutes sur sa propre capacité à le mener à bien incitent certains à penser qu'ils peuvent « faire de mauvais choix » : l'objet d'apprentissage qu'ils envisagent sera-t-il « facile » à traiter dans le sens de la simplicité de recherche des informations ? Le travail associé sera-t-il porteur quant à la réussite de l'évaluation ? Si le produit s'avère finalement peu intéressant, le risque de « s'ennuyer » est déclaré. D'autres étudiants opèrent le choix de leur objet d'apprentissage de manière stratégique c'est-à-dire non seulement en fonction de leurs centres d'intérêt mais également en fonction de la probabilité de trouver assez facilement des informations relatives à son secteur : « Si je prends tel sujet ce sera rentable car il y a des ressources disponibles. »

S'inscrire dans un dispositif de lutte contre le décrochage

Pour évaluer la réussite des apprenants dans l'acquisition de compétences et appréhender le rôle des émotions dans les apprentissages, nous nous sommes inscrites dans le projet de lutte contre le décrochage universitaire et l'insertion professionnelle mis en œuvre par les universités de Bordeaux, de Pau et des pays de l'Adour dénommé PARI (Passeport université – Accrochage – Raccrochage – Insertion professionnelle[74]). À ce titre, nous pouvons recourir à des enquêtes de façon régulière.

Un questionnaire global commun à toutes les actions labellisées PARI a été conçu par une psychologue. Chaque action homologuée PARI peut inclure des questions spécifiques à son activité pédagogique. Les questionnaires sont administrés en ligne de façon anonyme à la fin de chaque cycle d'enseignement et avant communication des notes aux étudiants. Ce dernier élément permet aux étudiants de répondre de façon déconnectée de leurs résultats chiffrés. Au sein

---

[74] https://www.iut.u-bordeaux.fr/general/projet-pari/

de ces questionnaires, chaque responsable d'activités pédagogiques peut demander à ajouter des questions spécifiques. Lors d'enquêtes menées en 2018, 2019 et 2020, aux questions « Lors des activités PFR, j'étais motivé(e) au début de l'activité » (question 1) « Je suis resté(e) motivé(e) tout au long des activités » (question 2), les réponses favorables ont été les suivantes :

	2018	2019	2020
Question 1	89 %	92 %	90,5 %
Question 2	46 %	57 %	69 %

Si nous pouvons constater que la motivation initiale reste importante au fil des années (environ 90 %), la motivation au fil du temps s'érode. Cependant, cette perte de motivation s'amenuise sur les 3 années. La question est de savoir si cela résulte de l'expérience personnelle des apprenants issue de leurs années collège-lycée ou si cela émane de l'amélioration de notre posture dans l'accompagnement des étudiants. Il faut souligner que ce constat s'inscrit pour l'année 2020 dans un enseignement distanciel qui suscite des questions sous-jacentes : sommes-nous plus à l'écoute à distance qu'en présentiel, notre bienveillance à l'égard des étudiants est-elle accentuée, les étudiants sont-ils plus attentifs ?

Notre chantier n° 1 : maintenir la motivation

Ces questionnements font partie des chantiers que nous allons ouvrir et explorer de façon à mieux comprendre la dynamique motivationnelle des apprenants sur la durée. L'objectif serait de maintenir la motivation de tous ceux qui se déclarent motivés au départ jusqu'à la fin des activités pédagogiques. Si la motivation ne constitue pas une émotion, elle est pour autant un facteur d'influence qui pousse à agir, à s'engager. C'est donc un point de naissance de certaines émotions. Être motivé(e) par une activité pédagogique peut permettre de ressentir des émotions positives à la réalisation de cette dernière. En 2020, 81 % des étudiants interrogés ont déclaré ressentir plaisir, fierté ou espoir en choisissant leur objet d'apprentissage, point de départ de la motivation dans l'expérience pédagogique.

1.2 Susciter l'engagement chez l'étudiant pour le motiver en lui laissant le libre choix de son parcours d'évaluation

Comme nous l'avons précédemment indiqué (Chapitre 2, paragraphe 3.2), les étudiants sont évalués sur la base de compétences à acquérir. Nous leur proposons grâce à une situation authentique de valider pas à pas des documents d'étape en leur offrant la possibilité de tenter plusieurs fois la validation d'un même document avant une date limite indiquée en début d'activité. Cette potentialité de tentative de validation multiple définit un parcours d'évaluation que nous avons qualifié d'accompagné. Nous avons proposé aux étudiants, par analogie au passage du permis de conduire, d'opter pour un parcours accompagné ou libre pour valider les compétences à acquérir. Cette approche repose sur notre volonté de respecter le rythme de chaque apprenant, l'organisation personnelle de son travail et son degré d'autonomie.

Gamifier

Pour la rentrée 2020, nous avons travaillé à la mise en place de la « gamification » en regroupant les documents d'étapes en différents niveaux successifs : en effet, pour parvenir au point d'arrivée final, il faut passer par des étapes à l'instar de ce qui se passe dans les jeux vidéo. Accéder au niveau supérieur ne sera possible que si le niveau précédent est validé. Cette gamification nous permet de lutter contre la démotivation en nous aidant à faire prendre conscience à chaque apprenant qu'il progresse. Nous avons également observé que la validation des premiers documents par un des membres du groupe d'apprenants a un effet d'entraînement sur l'apprenant lui-même et sur le reste du groupe. Le franchissement d'un niveau pourrait aider l'apprenant à renforcer l'estime de soi et générer une dynamique collective.

Ainsi, un parcours accompagné conduira l'apprenant à progresser pas à pas avec l'aval des enseignantes à chaque étape qui valident successivement les différents documents d'étape avant la date limite. Ce parcours convient sans doute davantage à ceux qui ont besoin d'un guidage progressif, qui sont capables ou qui ont envie de travailler de façon régulière pour s'acheminer vers la réussite. Un parcours intitulé « libre » est également proposé. Il consiste à répondre à toutes les questions des étudiants choisissant cette option sans pour autant corriger, évaluer au fur et à mesure leurs travaux. Tous les documents d'étape demandés sont remis en une seule fois à une date limite et sont donc évalués en une seule fois, sans possibilité de corrections intermédiaires. Ce parcours semble convenir à ceux qui aiment l'autonomie, qui travaillent de façon plus efficace dans une situation « d'urgence » ou de « pression ».

Notre chantier n° 2 : jusqu'à quel point accompagner ?

Aucun des deux parcours n'est plus pertinent que l'autre. Chacun choisit en fonction de ce qu'il perçoit de ses capacités, de ses envies, de son autonomie, de sa façon de vouloir relever un défi pédagogique. Il ressort de l'étude menée en décembre 2020, que 80 % des étudiants sondés ont ressenti des émotions positives à cette possibilité de choix de parcours d'évaluation. Ils sont 99 % à déclarer que le choix d'une évaluation qui valide des compétences et pas uniquement des connaissances leur a procuré du plaisir, de l'espoir, de la fierté ou du soulagement. Le fait d'avoir la possibilité de se tromper et de recommencer jusqu'à la validation (parcours accompagné) a sans doute permis à certains de voir là l'opportunité de réussir même si cela pouvait prendre plus de temps, nécessitait davantage de persévérance que dans le cadre d'une seule évaluation à un moment donné unique. 91 % de ceux qui ont choisi un parcours accompagné et 50 % de ceux qui ont opté pour un parcours libre ont déclaré avoir ressenti des émotions positives liées au choix opéré. 40 % des inscrits en parcours libre ont identifié de l'anxiété contre 4,7 % pour les parcours accompagnés. Ces chiffres révèlent sans doute plusieurs choses. Le parcours accompagné sécurise plus la réussite et diminue en corollaire l'anxiété mais ne cultive pas une grande autonomie alors que le parcours libre démontre de l'autonomie mais suscite de l'anxiété. Dans les deux cas, on peut noter que notre approche amène à nous interroger : est-il préférable de favoriser le développement de la confiance en soi ou bien faut-il nous attacher à encourager l'autonomie au risque d'entretenir de l'anxiété liée à la peur d'échouer, à la crainte de ne pas bien faire ?

1.3 Débloquer des freins à la réussite en accompagnant

Si la méthode que nous avons conçue relève d'une pédagogie active, la capacité à autoréguler ses propres apprentissages n'est pas la même pour chaque apprenant. Pour certains, une situation d'apprentissage « trop active » est susceptible de générer de l'anxiété, obstacle au succès du parcours d'apprentissage (Smith, 2019)[75].

---

[75] Smith M.(2019) Las emociones de los estudiantes y su impacto en el aprendizaje, Ed. Narcea, Madrid, 205p

Privilégier l'échange interpersonnel pour individualiser le parcours

Pour pallier l'anxiété et autres freins à la réussite nous avons choisi de privilégier l'échange individuel et donc personnalisé avec chaque apprenant qui progresse à son rythme dans l'application des concepts théoriques clés à son objet d'apprentissage (son PFR)[76]. L'individualisation du parcours — dans la cadence d'apprentissage et dans la forme des modalités d'évaluation choisies — a pour dessein de placer l'apprenant dans un contexte d'apprentissage propice à ce qu'il sait ou croit savoir de ses capacités. Les études menées sur les 3 dernières années montrent les perceptions des étudiants interrogés sur l'appropriation des connaissances, l'atteinte des objectifs fixés, le sentiment de progression lié à l'activité et la réussite d'un travail personnel interactif avec les enseignantes.

Question	2018[77]	2019[78]	2020[79]
J'ai réussi à utiliser (m'approprier) les ressources proposées	79,8 %	82,5 %	91,3 %
J'ai le sentiment d'avoir atteint les objectifs fixés par les enseignantes	78,4 %	73 %	86,1 %
J'ai le sentiment d'avoir fait des progrès grâce à cette activité	72,4 %	73 %	89,6 %
J'ai réussi à travailler, à interagir personnellement avec les enseignantes	81,3 %	73,7 %	88,7 %

Les résultats nous semblent encourageants d'autant que si nous les mettons en perspective avec les émotions ressenties par les apprenants,

---

[76] PFR : Produit Fil Rouge
[77] 2018 : 134 répondants
[78] 2019 : 137 répondants
[79] 2020 : 115 répondants

il ressort que 87,13 % d'entre eux en 2020 (émotions non explorées les années précédentes) éprouvent des émotions positives.

Elles concernent à hauteur de 48,51 points ceux qui soulignent avoir eu confiance dans leur progression et 38,62 points ceux qui se sont sentis encouragés dans leurs efforts. Ils sont 89,65 % en 2020 à indiquer qu'ils ont réussi à travailler, à interagir personnellement avec les enseignantes 81,34 % en 2018 et 73,72 % en 2019. L'accompagnement personnalisé s'intensifie au fil du temps. Notons qu'en 2020 il s'est réalisé quasiment exclusivement en distanciel. L'écran n'a donc pas conduit à une absence d'échanges dans la relation pédagogique. L'accompagnement était sans doute encore plus déterminant pour amener les étudiants à la réussite. En examinant la validation de compétences, il est possible de constater une forte réduction de l'échec au fil des trois années (Compétences non validées : 2018 : 64/138 [46,3 %] ; 2019 : 25/127 [19,6 %] ; 2020 : 18/131 [14,5 %]).

Notre chantier n° 3 : les guider vers le choix de parcours qui leur correspond le mieux

---

Aujourd'hui la question se pose de savoir comment nous pouvons accompagner au mieux les étudiants sans créer de frustration ou d'anxiété chez ceux qui sont plus réservés ou plus autonomes, chez ceux qui pensent pouvoir réussir seuls et se rendent compte au final qu'ils ne sont pas engagés dans le parcours de validation qui leur correspond le mieux. Nous nous interrogeons sur la nécessité en début de semestre de mettre en place des activités, tests ou autres supports qui pourraient aider les apprenants à repérer en toute objectivité (et simplicité) leur mode de fonctionnement. La difficulté réside pour nous dans la non maîtrise d'outils de nature psychologique qui pourraient peut-être nous permettre de fournir aux apprenants l'aide dont ils ont besoin pour réussir et éprouver des émotions positives quant aux activités que nous leur proposons.

1.4 Notre chantier transversal : Comment créer de la proximité pour renforcer l'estime de soi et la confiance en ses capacités ?

Proximité à distance

Finalement, ce qui agrège les trois chantiers précédents, c'est la notion de proximité. Nous nous en sommes particulièrement rendu compte cette année puisqu'une relation individualisée a été maintenue voire renforcée au cours de l'année 2020. Ce renforcement a été rendu possible notamment grâce à l'outil de visioconférence qui nous permet de voir les prénom et nom de chaque étudiant et ainsi de s'adresser à eux de façon nominative sans que notre mémoire soit défaillante. L'outil nous autorise également à répartir les apprenants dans de petites salles virtuelles de réunion où une émulation de groupe peut se développer. Les étudiants échangent entre eux s'aident, se questionnent et ont la possibilité d'appeler l'enseignante aussi souvent que nécessaire pour poser des questions et vérifier une activité en cours de réalisation. La possibilité de partager l'écran avec les membres de l'équipe et/ou l'enseignante rend les interactions précises et complètes. En cas de difficultés particulières à expliquer les éléments d'amélioration qui peuvent être apportés ou à repérer les points qui peuvent être modifiés, l'enseignante peut demander l'autorisation à l'apprenant de contrôler à distance le document partagé et ainsi intervenir directement sur le support. Une véritable situation de classe[80] en présentiel peut ainsi être créée en instaurant et maintenant le contact avec les étudiants.

---

[80] D'après la vidéo publiée par FNEGE Médias en décembre 2020, auteur Alain GOUDEY; *Cinq idées pour enseigner à distance*

Instaurer un rituel

Pour prolonger cette proximité qui suppose de la réactivité et de la disponibilité de la part des enseignantes, nous avons demandé aux étudiants de nous soumettre 2 fois par semaine, pour ceux qui le souhaitaient, les travaux réalisés à des dates limites précédemment annoncées, comme expliqué précédemment (chapitre 3, Partie 2). Cette organisation a aussi pour mérite d'instaurer un rituel rassurant pour l'étudiant et de lui proposer une certaine disponibilité de notre part. Nous faisions un retour commenté et personnalisé sur les documents remis avant la séance de cours suivante. La proximité et la personnalisation de l'accompagnement sont donc proposées de façon synchrone et asynchrone de sorte à maintenir un lien permanent entre les apprenants et les enseignantes. Chaque apprenant était libre d'interagir pendant les séances et/ou en dehors des séances : chacun suit son rythme et sollicite l'aide qu'il souhaite au moment où il le décide. Le tout est de rester en contact à la fois avec chacun des groupes d'étudiants et chacun d'entre eux. Les évaluations formatives proposées ont pour objectif de renforcer la confiance en soi de l'apprenant et d'asseoir son estime de soi. L'objectif est de l'amener à réussir en lui proposant de corriger ses éventuelles erreurs autant de fois que nécessaire.

Trouver les mots pour accompagner vers la réussite

Quand un étudiant peine parfois un peu à réaliser correctement le travail demandé, il recommence plusieurs fois, il peut passer par une phase momentanée de découragement. La difficulté est de parvenir à trouver les mots, les explications qui l'accompagneront vers des progrès. L'aide des pairs est parfois précieuse. Il nous arrive de demander à un membre de l'équipe un peu plus avancé dans l'activité d'expliquer à son camarade avec d'autres mots souvent différents de ceux de l'enseignante. L'étudiant à qui nous demandons de l'aide se sent investi d'une mission et la réalise la plupart du temps avec beaucoup de sérieux et de compétences. De façon corollaire, cette aide des pairs permet de vérifier que la compétence sur laquelle il est sollicité est véritablement acquise. Chacun des pairs progresse et se sent rassuré dans les activités entreprises. Quand l'étudiant qui était en difficulté réussit à trouver la solution de ce qu'il cherchait, il n'est pas rare d'entendre ses exclamations de joie suivies souvent d'un merci. À ce moment-là, il faut nous attacher à lui faire prendre conscience que c'est lui qui a résolu son problème. Sa persévérance est récompensée et le seul mérite ne revient qu'à lui. Cela peut l'aider à cultiver sa confiance en soi et son estime. À ce moment précis, nous remarquons souvent une accélération dans la progression.

L'accompagnement fourni cherche à construire une certaine proximité dans la relation en personnalisant les échanges et leur forme. Un accompagnement renforcé s'il est demandé par l'apprenant ne remet aucunement en cause notre niveau d'exigence quant aux productions finales de la part de l'étudiant. En d'autres termes, peu importe que l'étudiant tente d'obtenir « son permis marketing » en le passant une, deux, trois fois ou plus, ce qui compte c'est qu'il l'obtienne et qu'il sache conduire. Cette évocation du permis de conduire fait écho aux parcours d'évaluation que nous proposons à nos étudiants (conduite accompagnée ou conduite libre).

Assumer son autonomie de parcours

Pour nuancer nos propos, il faut également parler des étudiants qui optent de façon assumée pour un parcours libre dès le départ. L'accompagnement que nous réalisons alors se résume à répondre à des questions davantage liées la plupart du temps à la vérification de la compréhension d'un concept. L'étudiant qui s'inscrit de façon de tout à fait volontaire dans un parcours libre ne cherche pas nécessairement la proximité évoquée précédemment. Il gère de façon autonome sa progression car sans doute ressent-il une certaine confiance en lui ou bien veut-il expérimenter sa capacité à progresser seul pour évaluer ses compétences. Il remet en une seule fois à une date limite indiquée son travail, et obtient son évaluation des compétences sans possibilité de réitérer l'activité pour acquérir toutes les compétences attendues. En règle générale, nous avons pu observer qu'un apprenant ayant opté pour un parcours libre sur un semestre et qui réussit aura plutôt tendance à renouveler l'expérience sur le semestre suivant. Au contraire, celui qui n'a pas obtenu la validation escomptée des compétences s'engagera souvent sur la période suivante dans un parcours accompagné.

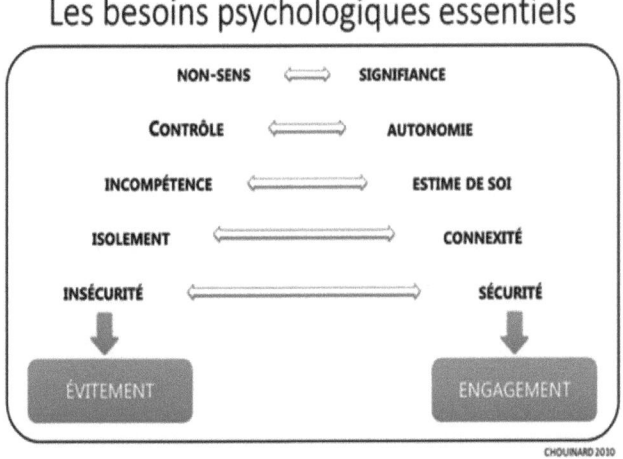

Il ressort de cette représentation que le contexte d'apprentissage créé par l'enseignant joue un rôle essentiel dans l'engagement de l'apprenant et ne peut être détaché de la dimension affective que chaque acteur (apprenant-enseignant) introduit dans la situation d'apprentissage

---
[81] https://cursus.edu/articles
[82] https://sites.google.com/cssmi.qc.ca/enseigner
[83] ibid

ou d'environnement pédagogique préparé. Chacun doit trouver du sens à ce qu'il fait, pouvoir exercer une certaine forme d'autonomie lui permettant de renforcer son estime de soi tout en étant connecté aux autres apprenants et enseignants pour sécuriser son parcours d'apprentissage. Selon nous, pour demander le meilleur aux étudiants, il faut nous-mêmes enseignantes nous engager, ne pas hésiter à livrer certains aspects plus personnels de situations auxquelles les étudiants peuvent s'identifier de façon à rendre la relation tout simplement humaine et ainsi se placer à côté de l'apprenant et plus uniquement dans une relation verticale. Le fait de faire travailler les étudiants sur un projet individuel facilite notre engagement personnel dans les situations d'apprentissage. Cela nous amène à vouloir témoigner sur nos propres émotions.

# CHAPITRE 2

Ce qui nous fait vibrer

La perspective de nous installer dans un fonctionnement « ronronnant » nous démotive.

Nous avons pour ADN commun la volonté d'agir pour améliorer les situations d'apprentissage même si nous devons sortir de notre zone de confort et ressentir des émotions nouvelles. Ce qui nous importe avant tout c'est de vivre notre métier avec passion en toutes circonstances (1) de partager ce vécu avec d'autres enseignants (2) voire de rejoindre d'autres expériences (3).

2.1 Une passion d'enseigner intacte malgré les écrans obligatoires.

La prise de conscience : la continuité pédagogique pendant le confinement de Mars 2020

Un soir de mars 2020, sans aucun signe avant-coureur institutionnel (le jour même un mail de la gouvernance de notre institution évoquait comme très peu probable la fermeture de notre université) nous apprenons que nous devons à partir des prochaines 48 heures « assurer une continuité pédagogique » pendant le confinement qui vient d'être décidé.

Passés les premiers instants de sidération liés à la brutalité du changement de notre quotidien, nous nous rassurons très vite : nous allons nous appuyer sur notre méthode pour continuer à accompagner à distance les étudiants dans leur apprentissage. Le site pfrproduitfilrouge que nous avons présenté dans un précédent chapitre comme un « environnement préparé pour autonomiser l'apprentissage » n'a jamais aussi bien porté son nom.

C'est pourquoi nous rédigeons dès le départ un article supplémentaire destiné à rassurer les étudiants « *La SEULE différence réside dans le fait que vous allez nous voir et nous entendre depuis un écran mais nous allons travailler de la même façon. La démarche PFR était déjà conçue pour pouvoir se réaliser à distance. La situation que nous connaissons actuellement ne change en rien notre approche, notre accompagnement et votre rythme personnel de progression dans l'acquisition de compétences en marketing* » (Annexe 8 : Message publié sur le site à propos de notre continuité pédagogique en Mars 2020).

En revanche, nous nous rendons rapidement compte, au fur et à mesure de l'animation des séances, que nous sommes amenées à répéter de nombreuses fois les mêmes explications de manière individuelle pendant une même séance. En présentiel ce point de lassitude, voire d'agacement n'existait pas car lorsqu'une même question revenait nous interrompions le travail des étudiants pour faire une explication générale, sans pour autant avoir la certitude d'être comprises par l'ensemble du groupe.

Nous rédigeons donc toute une série de documents d'aide pour formaliser les consignes que nous utilisions lors de l'animation orale. Nous mettons en quelque sorte en ligne une FAQ (composée de consignes, d'exemples de travail, d'erreurs à éviter) à laquelle nous renvoyons les étudiants à propos des questions les plus fréquentes. Ce choix nous permet d'être plus disponibles pour les accompagner de manière plus complète dans leur apprentissage sans se laisser envahir par l'impatience, l'ennui ou l'agacement. En retour, les étudiants nous indiquent également qu'ils apprécient cet environnement rédigé en ligne qui les aide à gérer la grande autonomie à laquelle ils sont brutalement confrontés.

Du changement subi à une évolution assumée.

Dès la première semaine, passé l'inconfort lié aux instabilités de plateformes en ligne – au final le choix de Zoom s'imposera rapidement – nous constatons que rien n'a été modifié de manière fondamentale. Nous vivons de manière identique la possibilité d'accompagnement des étudiants vers l'acquisition de compétences.

Peu à peu nous nous surprenons à penser que nous prenons du plaisir à enseigner à travers les écrans. Nous osons penser, c'est bien le mot, puisqu'en parallèle dans tous les cercles professionnels plus ou moins proches de nous (collègues, institutions) l'enseignement à distance est critiqué, qualifié d'inhumain. Nous raisonnons ici uniquement sur le caractère pédagogique de notre enseignement via un écran. Nous ne sous-estimons pas, bien au contraire les conditions de détresse financière et sociale dans lesquelles la crise sanitaire plonge les étudiants. Mais nous considérons que le déroulement d'un cours en lui-même en présentiel n'est pas forcément une relation sociale.

La distance est souvent évoquée par les détracteurs de l'enseignement en ligne. Ainsi peut-on lire en janvier 2021[84] « la chaleur de l'interaction humaine en cours leur manque beaucoup ». Mais la distance introduite par le recours à un écran n'est que physique, il faut la distinguer de la distance pédagogique. Nous vivons en effet de la même façon la relation d'humanité que nous apprécions dans l'accompagnement pédagogique. Certes un écran nous sépare, des

---

[84] https://www.francetvinfo.fr/sante/maladie/coronavirus/temoignages-il-a-craque-devant-nous-sur-zoom-les-professeurs-d-universite-demunis-face-a-la-souffrance-de-leurs-etudiants_4264963.html#xtor=EPR-2-[newsletter quotidienne]-20210122-[lestitres-colgauche/titre2]

pseudos s'affichent devant nous, mais d'autres éléments permettent de maintenir la proximité. Par exemple, le prénom des étudiants étant désormais affiché nous l'utilisons systématiquement, ce qui n'est pas toujours possible en présentiel à cause d'une mémoire parfois défaillante. Nous avons aussi le sentiment que ce tête à tête virtuel est tout aussi riche d'échanges que lors d'échanges en présentiel, certes individualisés mais toujours en présence de « voisins de table ». En fait, nous confirmons l'expérience d'animation du MOOC, lorsque nous avions constaté qu'il était possible de conserver une dimension humaine dans la démarche.

Nous avons cherché à comprendre pourquoi notre ressenti était à tel point en contradiction avec le discours général médiatique. « *On a un plafond de verre, l'acquisition des connaissances est limitée et on est obligé d'adapter le programme* », '*Sans l'interaction active de la salle de cours (…) l'enseignement universitaire est privé de son suc et de sa richesse.*'[85] Nous avons trouvé des pistes d'explications dans les écrits de Jacquinot-Delaunay (2010)[86] : cette auteure explique tout d'abord que l'introduction de la suppression du présentiel déplace la relation éducative vers l'effort individuel d'apprentissage. De ce point de vue, comme notre démarche pédagogique est par nature une pédagogie de type actif, le passage au numérique n'a donc pas créé de bouleversement. Par ailleurs, elle signale que « la plus grande provocation de la dissociation dans l'espace du processus d'enseignement est la modification de la relation entre les enseignants et les étudiants ». Ce constat permet d'expliquer pourquoi notre posture pédagogique initiale associée à l'accompagnement, plaçant l'étudiant au centre de la démarche, et lui procurant des interactions n'a pas été perturbée par le passage au numérique. Contrairement à ce qui aurait pu se produire dans le cadre d'une démarche d'enseignement purement transmissive, de type magistral où le charisme présentiel de l'enseignant assure la relation d'apprentissage et masque éventuellement l'absence de

---

[85] Ibid.
[86] Jacquinot-Delaunay G. (2010), Entre présence et absence, la FAD comme principe de provocation, « Distances et savoirs » 2010/2 Vol. 8 |, pages 153 à 165
https : //www.cairn.info/revue-distances-et-savoirs-2010-2-page-153.htm

proximité pédagogique. C'est d'ailleurs ce qui est expliqué dans la pétition lancée en mai 2020 et qui explique notamment « Nous proclamons notre hostilité foncière à une telle généralisation de l'enseignement à distance et ce pour plusieurs raisons. La première est d'ordre pédagogique : seule une personne n'ayant jamais enseigné peut soutenir que la distance est préférable à la présence, y compris dans des amphithéâtres contenant plusieurs centaines d'étudiants. La transmission du savoir passe par une interaction avec son auditoire : des tournures de phrase, des inflexions de la voix, des mimiques, des plaisanteries ou des provocations, des divagations font partie intégrante de l'enseignement. »[87]

Rentrée 2021 : enseignement à distance versus présentiel masqué et distancié

En septembre 2020, les conditions sanitaires imposent un quota de présence des étudiants à 50 % des capacités des salles. Lors des débats qui animent notre équipe pédagogique à propos de choix organisationnels adéquats, nous prenons conscience de l'écart qui s'est creusé entre nos ressentis à propos de l'enseignement à distance et la majorité de nos collègues. Pour beaucoup il semble douloureux d'accepter l'autonomie laissée aux étudiants derrière l'écran, l'absence d'information sur ce qu'ils font réellement, la difficulté à les contrôler pendant les examens en ligne. Pour certains il s'agit d'une véritable remise en question de leur identité professionnelle, génératrice d'un incontestable mal-être. Les remarques de notre entourage professionnel nous interpellent, nous font réfléchir puisque nous abordons avec sérénité le semestre qui s'annonce en majorité distanciel.

---

[87] https://www.change.org/p/minist%C3%A8re-de-l-enseignement-sup%C3%A9rieur-contre-l-enseignement-100-%C3%A0-distance?use_react=false

En écrivant ces lignes, en janvier 2021 au moment des premiers vaccins, nous ne savons pas encore quand nous reverrons les étudiants dans des conditions sanitaires « normales » sans mesure de distanciation. Septembre 2021 est loin d'être une certitude.

En ce qui nous concerne, l'expérience liée à la crise sanitaire a confirmé notre conviction de la nécessité d'être dans la proximité relationnelle et l'individualisation et de s'éloigner définitivement de la posture de la seule transmission de connaissances. L'autonomie que l'écran laisse aux étudiants et le lâcher-prise que cela implique dans la relation éducative contrôlée ne nous pose de problème puisque notre méthode prône le respect du rythme de chaque étudiant. En aucun cas nous ne ressentons la « frustration profonde qui fait écho à celles de milliers de professeurs de l'enseignement supérieur contraints, depuis le reconfinement, de donner l'intégralité de leurs cours à distance, seuls face à un écran »[88]. Bien au contraire, nous n'avons pas eu le sentiment de perdre le sens de notre activité pédagogique ou de laisser tomber nos étudiants. Les deux semestres en distanciel que nous venons de vivre nous permettent de constater que notre volonté de prendre en compte les émotions dans l'apprentissage n'a pas été gommée par le numérique (chapitre précédent). C'est pourquoi nous sommes particulièrement émues lorsque nous analysons les résultats de l'enquête de fin de semestre menée auprès des étudiants en décembre 2020 qui confirme notre ressenti. Nous leur avons demandé de comparer une situation d'apprentissage en présentiel et en zoom. Ainsi, à la question « j'ai le sentiment de progresser dans mon apprentissage » seuls 24 % répondent « mieux » quand c'est en présentiel, 60 % indiquent « aussi bien » et 16 % « moins bien » donc préfèrent la situation via zoom. 66 % déclarent également « comprendre aussi bien les consignes sur le travail à effectuer » et 52 % « comprendre aussi bien nos explications à propos de leurs erreurs ».

---

[88] *Le Monde, Économie*, mercredi 2 décembre 2020 1665 mots, p. ECO21, Distanciel : le blues des enseignants-chercheurs

Les étudiants expriment toutefois un regret celui de nous trouver moins disponibles en zoom qu'en présentiel pour 48 % d'entre eux. Cette perception peut toutefois être relativisée puisque moins de la moitié (42 %) considèrent qu'il est plus facile en présentiel de « solliciter l'aide des enseignantes quand je me sens complètement bloqué(e) dans ma progression ». Nous n'avons pas le sentiment de cette différence de disponibilité puisqu'il nous est autant possible de répondre à l'appel d'un étudiant que ce soit lors d'une séance zoom ou lors d'une séance en présentiel souvent très dense du point de vue animation. Peut-être les étudiants n'osent-ils pas nous solliciter quand nous sommes à distance ? En ce début de second semestre 2021 qui s'annonce cette fois comodal[89], nous décidons de recueillir des suggestions d'améliorations des étudiants sur ce point, comme nous le faisons régulièrement quand nous cherchons à résoudre une difficulté.

Nous sommes conscientes du caractère provocateur que certains pourraient ressentir en nous lisant. Il ne s'agit nullement de prendre part à un débat politique ou d'influencer un modèle institutionnel. Nous souhaitons uniquement exprimer un ressenti à travers un retour d'expérience.

Par ailleurs, ces propos concernent exclusivement la dimension pédagogique d'un enseignement en ligne. Cette dimension est à considérer séparément de la vie sociale entre étudiants ou entre enseignants qui s'instaure dans le cadre d'un enseignement en présentiel et qui est remplacée par l'isolement en cas de confinement.

Et après ?

Nos interrogations actuelles portent sur « l'après gestes barrières ». Pourrons-nous revenir à un mode d'enseignement qualifié de « normal » aujourd'hui en comparaison avec les choix actuels ?

---
[89] 50% de l'effectif du groupe dans la salle de cours et 50% en visio-conférence en même temps.

Nous n'en sommes pas du tout certaines. Certes, retrouver la présence humaine des étudiants sera un plaisir mais avec eux le bruit, les comportements d'inattention, les nécessaires rappels à l'ordre. Comment réagirons-nous, que faudra-t-il conserver, adapter ? Tout reste à construire. Une seule certitude, cette expérience nous aura une fois de plus marquées et nous ne reviendrons pas complètement au « comme avant » en animation présentielle.

2.2 Comment transmettre à la communauté enseignante notre vécu pédagogique ?

D'où vient notre volonté de transmettre, de raconter notre expérience, de témoigner de nos choix pédagogiques ? Elle est certainement liée au besoin d'accomplissement, propre à tous les humains. Elle est probablement renforcée par le souhait d'être reconnue en dépit de l'inutilité de notre investissement dans la pédagogie pour l'évolution de notre carrière quel que soit notre statut. En effet, seules les publications disciplinaires sont prises en compte pour la promotion d'enseignant-chercheur. Dans le cas d'un enseignant agrégé, c'est davantage l'ancienneté que l'engagement pédagogique qui domine les critères de choix de changement de grade.

Trois catégories de cercles/publics/lecteurs

Depuis 2006 nous avons pris l'habitude de communiquer autour de notre enseignement. D'abord « timidement » dans le cadre de rencontres pédagogiques inter IUT, sans comité scientifique. Puis, au fil de nos lectures dans le domaine des Sciences de l'Éducation nous avons poussé la porte des congrès scientifiques de cette discipline, d'abord sous forme de retours d'expériences puis de manière plus conceptualisée et problématisée.

Nous avons très vite apprécié ces participations à des congrès. Elles sont pour nous des respirations, des sources d'enrichissement de notre réflexion pédagogique, voire d'inspiration pour de nouvelles initiatives. Nous nous sommes donné l'objectif de participer à un colloque par an. Cette volonté de participation nous stimule dans la problématisation de nos choix pédagogiques afin de rédiger de nouveaux textes de communication. Nous apprécions ainsi de pouvoir avoir les retours sur notre pratique par des spécialistes en Sciences de l'Éducation.

Nous ressentons toutefois une frustration à l'idée que nous ne touchons que très rarement la communauté des enseignants dans notre discipline. Le cloisonnement des disciplines universitaires empêche une reconnaissance et un intérêt éditorial. La pédagogie des Sciences de Gestion n'est donc pas un thème fréquent dans les rencontres disciplinaires. Nous avons toutefois eu le plaisir de réussir à publier un article dans une revue académique spécialisée en marketing. L'occasion nous a également été donnée d'enregistrer une séquence vidéo destinée à témoigner auprès de la communauté d'enseignants en gestion. Enfin, d'autres perspectives se profilent puisque notre rencontre avec AUNEGE nous a permis de prendre connaissance de projets plus attentifs à une problématique d'ordre pédagogique.

En 2016, l'obtention du prix PEPS et avec lui l'engagement de participer à des actions de communication et de sensibilisation en faveur de la transformation des pratiques pédagogiques dans l'enseignement supérieur nous a donné envie de dépasser le cercle des communautés scientifiques pour nous tourner vers la société civile. Parallèlement, nous avons pris conscience au hasard des rencontres lors de nos participations aux différents colloques que nos interrogations en matière de pédagogie étaient partagées par d'autres enseignants quelle que soit la matière enseignée ou le type de public (collégiens, lycéens, étudiants). Nous nous reconnaissons dans des livres d'auteurs comme Daniel Pennac[90] qui témoigne à propos de sa scolarité tourmentée.

À chaque fois, quand nous discutons avec des pairs soucieux de pédagogie ou lisons ou entendons des interviews qui expriment le même vécu que le nôtre en d'autres termes, c'est toujours pour nous une joie profonde, l'impression d'appartenir et de s'identifier à une grande communauté de « martiens ».

Écrire ce livre

Et puis… nous avons décidé d'écrire ce livre. La volonté d'écrire et de décrire notre expérience n'est pas récente. Cela fait bien cinq années que nous avons inscrit ce projet sur notre « to do list ». Notre « passage à l'acte » a été suscité par le désir de participer au débat actuel sur les intérêts et limites de l'enseignement à distance. « Ce n'est plus le métier pour lequel j'ai signé… » Depuis le confinement de mars 2020 nous avons entendu tellement de fois cette affirmation, en contradiction nous l'avons expliqué, avec notre vécu que nous avons eu envie de mettre en mots notre expérience.

Une nouvelle aventure commence : rédiger, trouver un mode d'édition. Avec la question sous-jacente à laquelle nous n'avons pas la réponse : va-t-on intéresser ou sommes-nous trop centrées sur nos personnes ? Si vous nous lisez c'est que nous avons réussi… et que nous attendons avec impatience vos retours !

---

[90] Pennac D. (2007) Chagrin d'école, Folio, 298p,

Élargir notre public de formation/d'apprenants

L'animation du MOOC nous a procuré l'occasion de confronter notre pédagogie à un public très diversifié, en âge, en expérience professionnelle, en personnalités. C'est pourquoi nous avons eu l'idée de chercher à atteindre de nouveaux publics dans le cadre de la Formation Tout au Long de la Vie. Pour cela, nous avons entrepris une démarche de demande d'enregistrement auprès du répertoire spécifique de France Compétences, autorité nationale de financement et de régulation de la formation professionnelle et de l'apprentissage. C'est un long parcours administratif qui est encore en cours à l'heure où nous écrivons. Il nous faut notamment convaincre un comité d'experts de l'utilité pour la société civile des compétences que nous proposons de permettre d'acquérir. Surmonter ce défi nous permettrait de franchir une étape supplémentaire dans notre volonté de transmission.

D'autres pistes à explorer ?

Il existe d'autres pistes que nous ne nous interdisons pas d'explorer. Il nous reste entre cinq et dix années d'activité professionnelle ce qui est finalement peu. En effet, nous avons compris, au rythme où vont les choses, que si nous arrivons à les faire bouger, cela nous semble toujours très long. Pourquoi ne pas « franchiser » notre méthode pour que d'autres enseignants en marketing l'utilisent après s'y être formés, mettre en place une activité de conseil auprès de porteurs de projets entrepreneuriaux ? Bref, la transmission est un chantier essentiel pour nous.

2.3 Se raccrocher à un courant pédagogique reconnu ?

Ce troisième chantier est émergent, en quelque sorte il est encore au stade d'une trace d'interrogation. Nous l'avons expliqué dans le chapitre précédent, nous aimons échanger à propos de la pédagogie dans des cercles différents. Au fil de ces lectures, de ces rencontres, des communications dans les congrès, des références reviennent toujours aux pédagogues de l'éducation dite nouvelle qui s'appuient sur les principes de l'expérience : « L'élève doit faire, le professeur faire faire.[91] » Célestin Freinet et Maria Montessori en sont des exemples, ils sont mondialement connus pour la méthode pédagogique qui porte leur nom.

Pour l'instant nous ne sommes pas des spécialistes, loin de là. Et nous nous adressons à un public d'adultes et non d'enfants. Pourtant nous nous rendons compte que certaines de ces caractéristiques correspondent à notre méthode. Par exemple le fait d'être acteur de son apprentissage, la prise en compte de la dimension émotionnelle sur laquelle nous travaillons actuellement (notre chantier numéro 1).

Peut-on affirmer que les choix que nous avons formulés pas à pas tout au long de notre parcours relèvent au final de ces courants pédagogiques. Peut-on envisager l'application de leurs principes auprès d'un public de jeunes adultes ? Nous avons repéré une école d'Enseignement du Supérieur qui revendique cette appartenance mais nous n'avons pas encore cherché à la contacter. Nous prévoyons de rencontrer des spécialistes pour travailler sur ces questions. Notre prochain chantier après la parution de cet ouvrage ?

---

[91] Christophe Roiné, « Expérience, enseignement et apprentissage », Éducation et didactique [En ligne], 12-1 | 2018, mis en ligne le 28 août 2020, consulté le 23 janvier 2021. URL : http ://journals.openedition.org/educationdidactique/3070 ; DOI : https ://doi.org/10.4000/educationdidactique.3070

CONCLUSION

Nous arrivons à la fin de notre aventure rédactionnelle et nous nous rendons compte qu'elle nous habitait. En effet, là encore nous avons ressenti un immense plaisir à traduire en mots tout notre cheminement. Nous avons l'impression d'avoir construit un puzzle en assemblant petit à petit tous les éléments de nos pratiques et de votre vécu pour en faire un tout structuré.

Au fil de la rédaction, en mettant en perspective tout notre cheminement (changer de posture pédagogique, candidater pour PEPS, créer un MOOC et passer à l'approche par compétences) nous avons pris la mesure de la force que constituait le fait d'être un duo. Ce duo nous permet d'ajuster constamment nos ressentis, nos façons de faire, nos interrogations, nos réactions. Il fonctionne sur la base d'une confiance réciproque éprouvée au fil du temps. Par exemple, nous avons constaté que les apprenants n'hésitent pas à poser les mêmes questions à chacune d'entre nous pour tester notre cohérence. Lorsque ces questions portent sur des aspects que nous n'avions pas anticipés, nous ne répondons jamais sans au préalable nous concerter. Et nous en avons chacune la certitude. Ceci explique certainement le fait que nous soyons aussi promptes à sortir de notre zone de confort.

Pendant que nous rédigions, les incertitudes de la crise sanitaire continuent de susciter des débats médiatiques, notamment sur l'enseignement. Par exemple, au détour d'un reportage[92] de janvier 2021, nous lisons des propos qui nous font sursauter.

---

[92] https://www.francetvinfo.fr/sante/maladie/coronavirus/temoignages-il-a-craque-devant-nous-sur-zoom-les-professeurs-d-universite-demunis-face-a-la-souffrance-de-leurs-etudiants_4264963.html#xtor=EPR-2-[newsletter quotidienne]-20210122-[lestitres-colgauche/titre2]

« On tente de rendre les choses un peu vivantes, avec des vidéos, des quiz, des cours inversés (ils travaillent sur des documents et ensuite le professeur structure le cours à partir de ce travail) … mais ce n'est pas toujours facile », « Cela demande beaucoup de travail. Pour un cours de trois heures, j'ai environ 36 heures de préparation »,

« Derrière un écran, ce n'est pas la même chose, ce n'est plus le même boulot, regrette pour sa part Yohann, qui enseigne les mathématiques à Toulouse (Haute-Garonne). Une partie de mon métier est de capter l'attention des étudiants, et là on n'y arrive pas. Et puis, un épuisement se fait sentir du côté des professeurs du fait de devoir s'adapter en permanence. »

Nous confirmons, nous sommes des martiennes ! Ce n'est pas tant le fait d'enseigner à distance qui nous différencie mais notre approche pédagogique centrée sur l'étudiant acteur. Nous acceptons alors l'absence de contrôle permanent sur l'étudiant, absence souvent vécue douloureusement par certains collègues. Ce qui ne veut pas dire que nous acceptons le laisser aller, mais seulement l'acceptation que « l'autre quel que soit son âge est capable de se développer seul »[93].

Au sein de l'équipe pédagogique à laquelle nous appartenons, chacun conserve sa liberté pédagogique. Nous avons bénéficié dès le début de nos initiatives pédagogiques d'un regard bienveillant de la part de nos collègues d'autant plus que les étudiants leur formulaient des retours positifs. Nous nous sentions alors reconnues dans notre approche.

Le passage obligatoire à l'enseignement à distance (crise sanitaire oblige) a suscité chez certains de nos collègues des réactions douloureuses quant à la perte du contrôle qu'ils pouvaient exercer sur les étudiants (surveillance de leurs activités pendant les séances présentielles, pendant les examens, transmission des savoirs, etc.). Nous nous sommes rendu compte qu'au final c'était moins l'outil

---

[93] D'après Didier Paquelin, 97e minute Webinaire - *Hybrider son enseignement, pis-aller ou opportunité ?* Octobre 2020

qui nous séparait que la vision des rôles respectifs d'étudiants et d'enseignants. Par ailleurs, l'entrée en vigueur en septembre 2021 de la réforme du diplôme préparé par les IUT oblige chacun d'entre nous à raisonner en compétences. Nous ne vivons pas cette réforme comme une perte d'identité. Certains considèrent que leur mission consiste essentiellement à fournir des connaissances alors que pour nous, peu importe le chemin que suit l'apprenant, ce qui compte c'est qu'il parvienne à acquérir les compétences attendues. C'est là que nous avons pris conscience de notre singularité et donc de notre impression d'être des « martiennes ».

Le « martien » a-t-il un profil type ? Nous n'en savons rien. Ce dont nous sommes sûres c'est que ce n'est pas lié à l'âge comme le suggère Denis Cristol[94]. Ce que nous savons, c'est que de notre part nous avons toujours cherché à être en cohérence avec notre personnalité. Nous osons être nous-mêmes dans notre pratique pédagogique pour renouveler le plaisir d'enseigner. Le statu quo ne nous fait pas vibrer. Les martiens commencent à coloniser la terre pédagogique. Nous l'avons observé au fil de nos rencontres : congrès, ateliers pédagogiques, responsables de formation autres qu'à l'IUT qui nous ont fait confiance. À chaque fois, ce sont de belles rencontres et toujours la même impression d'une aventure qui se renouvelle, les interrogations qui nous font vibrer à propos de l'adaptation de notre méthode à ces nouveaux publics.

Ce livre n'est donc pas une fin en soi comme en témoignent les chantiers que nous avons ouverts et que nous souhaitons bien faire avancer. Nous comptons continuer nos aventures et les partager.

Laurence Chérel et Catherine Madrid

methodepfr@u-bordeaux.fr
Bordeaux, février 2021

---

[94] https://cursus.edu/articles/37632/faut-il-etre-age-pour-innover-en-pedagogie Extrait Denis Cristol (Denis Cristol est directeur de l'ingénierie au CNFPT et chercheur associé à Paris Ouest Nanterre.Il travaille sur la transformation des écosystèmes d'apprentissage, l'innovation pédagogique, et les apprentissages collaboratifs. Ses dernières recherches portent sur les communautés d'apprentissage et les nouvelles postures du formateur

BIBLIOGRAPHIE

Altet M. (1994). Le cours magistral universitaire : un discours scientifico-pédagogique sans articulation enseignement-apprentissage. *Recherche et Formation*, n° 15, p. 35-44.

Albero B. (2014). La pédagogie à l'université entre numérisation et massification. Apports et risque d'une mutation Dans Lameul G., Loisy C (dir), *La pédagogie universitaire à l'heure du numérique*, De Boeck, Louvain, pp. 27-54.

Alves S., Hélène L. (2016). Le professeur se réinvente : la révolution du « Smarty » !, *Annales des Mines – Gérer et comprendre*, 4, 126, 39-50.

Ait Abdesselam N., Bros F. (2013). L'université à l'épreuve de la professionnalisation, le cas des licences professionnelles, *Actes Colloque QPES 2013*, Sherbrooke, pp. 736-744

Amadieu F. (2016, 15 juin). *Principes pédagogiques visant à améliorer la motivation et les stratégies d'apprentissage des étudiants*, [Conférence] Journée d'étude Motivation et engagement académique des étudiants, Université de Bordeaux

Angelo, T. A., Cross, K. P. (1993). *Classroom assessment techniques : a handbook for college teachers* San Francisco, Jossey-Bass Publishers, 2nd ed.

Antibi A. (2003). *La constante macabre ou comment a-t-on découragé des générations d'élèves*, Math'Adore, 159 p.

Bedard D. (2014). Être enseignant ou devenir enseignant dans le supérieur ; telle est la question de posture dans Lameul G., Loisy C (dir), *La pédagogie universitaire à l'heure du numérique* de Boeck, Louvain, 250 p.

Bouillier D. (2015, 25 juin). *Projet Forecast : formation par la cartographie des controverses aux sciences et techniques*, [Conférence], Journée IUTICE, IUT de Bayonne.

Cerisier J.F. (2016, 24 mai). *Usages et représentations du numérique chez les étudiants et enseignants du supérieur*, [conférence] Séminaire IDEFI Paré : La recherche au service de l'apprentissage et de l'enseignement dans le supérieur, Université de Poitiers.

Chérel L, Lapassouse Madrid C. (2020). *Comment favoriser les émotions positives et la réussite de l'apprenant ?* [Conférence], Colloque CLIC (Congrès DES CLASSES Inversées ET Pédagogies ACTIVES)

Chérel. L, Lapassouse Madrid C. (2020), *Comment favoriser les émotions positives et la réussite de l'apprenant en le rendant acteur de ses modalités d'évaluation ?* [Conférence], Colloque PRUNE (Perspectives de Recherche sur les Usages du Numérique dans l'Éducation.

Chérel L., Lapassouse Madrid C. (2020). *Apprendre le marketing autrement : 20 ans de pratique réflexive en pédagogie du marketing.* [vidéo] https://fnege-medias.fr/apprendre-le-marketing-autrement-20-ans-de-pratique-reflexive-en-pedagogie-du-marketing/

Chérel L, Madrid C. (2019, 13 juin). *La création personnelle d'un objet d'apprentissage « aimé » par l'étudiant : un facteur pour stimuler l'engagement ?* [Conference], Exploring new fields through the scholarship of teaching and learning, Euro SOTL, Bilbao.

Chérel L., Madrid C. (2018, 25 mai). *Perd-on son âme pédagogique en animant un MOOC ?, Semaine du Management,* [Conférence] FNEGE, Paris

Chérel L., Lapassouse Madrid C. (2017, 15 juin). *La pédagogie d'accompagnement : questionnements autour des nouvelles postures de l'enseignant,* [Conférence], Agora IAE, Digital & Management : quelles innovations numériques pour la pédagogie, la recherche et les équipes opérationnelles ? Lyon.

Chérel L., Lapassouse Madrid C. (2016). Les motivations à apprendre des étudiants et l'enseignement du marketing ? Une analyse via la théorie de la distance transactionnelle en formation. *Décisions Marketing,* 83, 49-68.

Cosnefroy L., Annoot E. (2014). Pourquoi s'intéresser à la posture d'accompagnement dans l'enseignement supérieur aujourd'hui ? *Recherche et formation,* 77,| pp. 9-15.

Cros, F. (2009). Préface dans Bédard D., Béchard J.P. [dir], *Innover dans l'enseignement supérieur,* Paris, PUF.

Cuisinier, F. (2016). Émotions et apprentissages scolaires : quelles pistes pour la formation des enseignants ? *Recherche & formation,* vol. 81, no. 1, 2016, pp. 9-21.

De Ketele J. M., (2016, 15 juin). *Motivation et engagement : que nous dit la recherche, journée d'étude Motivation et engagement académique des étudiants,* [Conférence], Université de Bordeaux.

Desmurget M. (2011). Média modernes et passivité attentionnelle, *Cerveau&Psycho,* 47, sept-oct, version PDF.

Devauchelle B. (2015, 25 juin). *Des compétences attendues demain aux innovations d'aujourd'hui, des défis pédagogiques pour le lycée comme pour l'université dans une société numérique,* [Conférence], Journée IUTICE, IUT de Bayonne

Duguet A., Morlaix S. (2012). Les pratiques pédagogiques des enseignants universitaires : Quelle variété pour quelle efficacité ?, *Questions Vives*, Vol.6, 18,. http://journals.openedition.org/questionsvives/1178

Duval A.M., Pagé M. (2014). *La situation authentique : de la conception à l'évaluation* Montréal, Association québécoise de pédagogie collégiale. AQPC, 99p.

Gauthier R.-F., Caffin-Ravier M., Descamps B., Mosnier M., Peretti H. (2007). *L'évaluation des étudiants à l'université : point aveugle ou point d'appui ?* Rapport IGAEN. http://www.education.gouv.fr/cid5592/l-evaluation-des-etudiants-a-l-universite-point-aveugle-ou-point-d-appui.html

Gurtner J-L., Gulfi A. Monnard I. et Schumacher J. (2006). Est-il possible de prédire l'évolution de la motivation pour le travail scolaire de l'enfance à l'adolescence ? *Revue française de pédagogie*, 155, 21-33.

Henri F., Basque J., Bejaoui R., Paquette G., (2016, 6 mai). *Les MOOC et l'évolution de l'ingénierie de l'évolution pédagogique* [Conférence], Colloque CRIFPE, Montréal, Laboratoire d'ingénierie cognitive et éducative (LICÉ) Centre de recherche LICEF, TÉLUQ. https://www.slideshare.net/FranceHenri/les-mooc-et-lvolution-de-lingnierie-pdagogique

Jacquinot-Delaunay G. [2010]. Entre présence et absence, la FAD comme principe de provocation, *Distances et savoirs* 2 Vol. 8 |, pages 153 à 165 https://www.cairn.info/revue-distances-et-savoirs-2010-2-page-153.htm

Jouquan J., Romanus C., Vierset V., Jaffrelot M. et Parent P. (2013). Promouvoir les pédagogies actives comme soutien à la pratique réflexive et à l'apprentissage en profondeur, dans Florence Parent et al. *Penser la formation des professionnels de la santé* De Boeck Supérieur, p p. 245 - 283 - https://www.cairn.info/penser-la-formation-des-professionnels-de-lasante--page-245.htm

Marion, G. et Portier, P. (2006). Pour une réforme du marketing : réseau et co-construction de valeur, *La Revue des Sciences de Gestion*, 22, novembre-décembre, 15-24

Mikaïloff N. (2015). *L'accompagnement individuel des élèves par le Conseiller Principal d'Éducation, entre éthique et responsabilité. Étude compréhensive d'une posture en tension* Thèse pour obtenir le grade universitaire de docteur de l'Université d'Aix-Marseille.

Milgrom, E. (2010). Réussite et échec : du droit à l'erreur au devoir d'erreur ? Dans : Benoît Raucent B. [dir], *Accompagner des étudiants : Quels rôles pour l'enseignant ? Quels dispositifs ? Quelles mises en œuvre ?* Louvain-la-Neuve, Belgique : De Boeck Supérieur. https ://doi.org/10.3917/dbu.rauce.2010.01.0291

Moore M.G. (2015, 05 juin). *Transactional distance and e-learning, Colloque International CIREL : E-Formation des adultes et des jeunes adultes* [Conférence], Lille.

Pennac D. (2007). *Chagrin d'école*, Folio, 298 p,

Paivandi, S. (2015). *Apprendre à l'université*. Louvain-la-Neuve, Belgique : De Boeck Supérieur. https://doi.org/10.3917/dbu.vandi.2015.01

Prégent R., Bernard H., Kozanitis A., (2009). *Enseigner à l'université dans une approche-programme,* Ed. Presses internationales Polytechnique 352 p.

Reverdy C. (2013). Des projets pour mieux apprendre ? *Dossier d'actualité veille et analyses,* 82, Février, 1-24

Rodet, J. (2000). La rétroaction, support d'apprentissage ? htttp://cqfd.teluq.uquebec.ca/distances/D4_2_d.pdf

Roiné C. (2020). Expérience, enseignement et apprentissage, *Éducation et didactique* http://journals.openedition.org/educationdidactique/3070 ; DOI : https://doi.org/10.4000/educationdidactique.3070

Sauvé, L., Charlier, B., Jézégou, A. et Racette, N. (2015). *Quel type de dispositif favorable à l'adulte en apprentissage ? : imposé ou libre ?* [Conférence], Communication présentée au Colloque International CIREL : « E-Formation des adultes et des jeunes adultes ». http://www.trigone.univ-lille1.fr/eformation2015

Serres M. (2012). *Petite poucette,* Paris, Le Pommier, 90 p.

Smith M. (2019). *Las emociones de los estudiantes y su impacto en el aprendizaje,* Ed. Narcea, Madrid, 205 p.

Viau R. (2006). La motivation des étudiants à l'université : mieux comprendre pour mieux agir ? [Conférence], Université de Sherbrooke.

Viau, R. (2009). L'impact d'une innovation pédagogique : au-delà des connaissances et des compétences dans Bédard D., Béchard J. P. [dir], *Innover dans l'enseignement supérieur*, Paris, PUF, 272 p. http://www.france-universite-numerique.fr/france-universite-numerique-enjeux-et-definition.html,

Wentzel B. (2010). *Actes de la Recherche* no. 8, 15-35, consulté sur https://doc.rero.ch/record/234561/files/DC_ActesRecherche_8_Recherche_et_formation_a_l_enseignement_16_36.pdf

TABLE DES ANNEXES

Annexe 1 : Démarche de la pratique réflexive 123

Annexe 2 : Liste détaillée des capsules du MOOC 124

Annexe 3 : Témoignages d'inscrits au MOOC 127

Annexe 4 : Évolution des expressions pour désigner notre méthode et des cadres conceptuels mobilisés 129

Annexe 5 : Exemple d'une grille d'évaluation conçue pour le bloc 131

Annexe 6 : Exemple commenté d'un document d'étape 133

Annexe 7 : Deux rappels théoriques sur la motivation et la distance en pédagogie 137

Annexe 8 : Message publié sur le site à propos de notre continuité pédagogique en mars 2020 140

Annexe 1 : Démarche de la pratique réflexive[95]

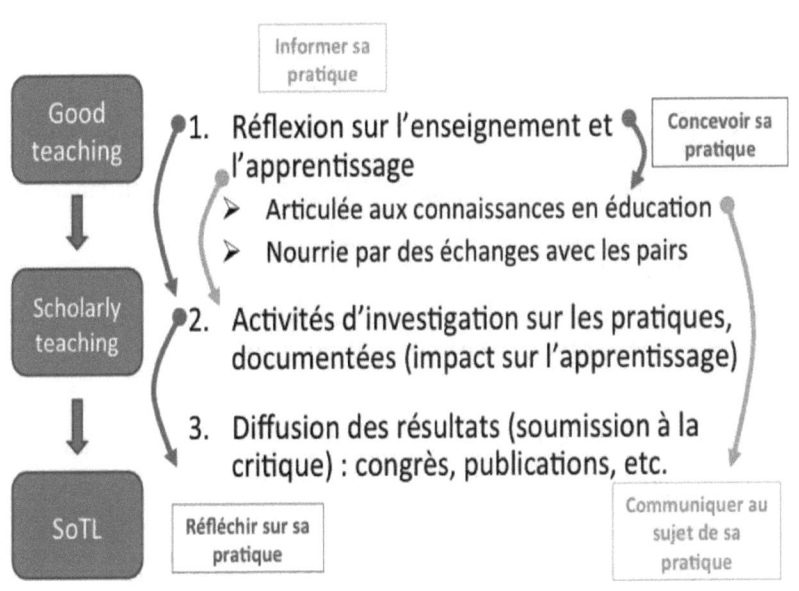

---
[95] Biémar S,et al ; « Le « Scholarship of Teaching and Learning » (SoTL). Proposition d'un cadre pour l'accompagnement des enseignantspar les conseillers pédagogiques », Revue internationale de pédagogie de l'enseignement supérieur [En ligne], 31-2 | 2015, mis en ligne le URL : http://ripes.revues.org/966

Annexe 2 : Liste détaillée des capsules du MOOC

Partie I L'analyse d'un contexte commercial.

1. Appréhender le concept marketing.
   1. Présentation.
   2. De la fonction commerciale au marketing.
   3. Définition du marketing.
   4. La démarche marketing.
   5. Limites et aspects éthiques.
2. Comprendre les évolutions du concept au fil des tendances de la société.
   1. Présentation.
   2. Les années 1950 : de la pénurie à l'abondance.
   3. Les années 1960, 1970, 1980, 1990, 2 000, 2010.
   4. Depuis 2008.
3. Analyser le marché.
   1. Présentation.
   2. Définir la notion de marché.
   3. Quantifier un marché.
4. Définir le champ concurrentiel.
   1. Présentation.
   2. Définir la concurrence.
   3. Un outil méthodologique pour analyser la concurrence.
   4. La rivalité entre les entreprises présentes sur le secteur.
   5. La menace de nouveaux entrants.
   6. La menace des produits de substitution.
   7. Le pouvoir de négociation des clients.
   8. Le pouvoir de négociation des fournisseurs.
   9. La nature de l'environnement concurrentiel.

5. Décrypter l'environnement.
   1. Présentation.
   2. Comprendre la notion d'environnement.
   3. Distinguer l'environnement spécifique et l'environnement général.
   4. Décrypter les influences.
   5. Identifier les variables cruciales.

Partie II Définition des principes stratégiques du lancement commercial d'une offre.

6. Analyser le comportement d'achat et construire une segmentation du marché.
   1. Présentation.
   2. Les étapes du processus d'achat.
   3. Éveil et reconnaissance du besoin.
   4. Recherche d'informations.
   5. Évaluation des possibilités.
   6. Achat et usage.
   7. Les facteurs explicatifs du comportement.
   8. Les facteurs individuels d'influence.
   9. Les facteurs individuels d'influence suite.
   10. Les facteurs collectifs d'influence.
   11. Un groupe particulier : la famille.
   12. L'incidence des facteurs d'influence.
   13. Repérage des critères de segmentation.
   14. Construction d'un arbre de segmentation.

7. Choisir les options stratégiques fondamentales.
   1. Pourquoi choisir une stratégie.
   2. Fixer des objectifs marketing.
   3. Cibler les clients.
   4. Positionner son offre.
   5. Les stratégies de positionnement.
   6. Présenter le marketing mix.

8. Définir sa politique produit.

    1. Définition du concept de produit.
    2. La gestion du marketing mix selon les étapes du cycle de vie.
    3. La gestion d'un portefeuille produits.
    4. La marque.
    5. Le produit nouveau.

9. Fixer un prix

    1. Définition du prix.
    2. Les méthodes traditionnelles.
    3. Les méthodes récentes.
    4. Le processus de fixation du prix.

10. Concevoir son circuit de distribution.

    1. Comprendre le concept de distribution.
    2. Concevoir un circuit de distribution.

11. Choisir les principes de sa politique de communication.

    1. Situer la communication.
    2. Les principes de la stratégie de communication.
    3. Le choix des actions de communication.

Annexe 3 : Témoignages d'inscrits au MOOC[96]

Clarté et simplicité des explications fournies sur les concepts et notions présentées

– La structuration des vidéos et la facilité d'approche mise en œuvre

> Bonjour, Je vous remercie pour la qualité de ce MOOC et la clarté du cours. Dans la partie marché, vous exposez un tableau de la typologie des marchés. Pourriez-vous donner des exemples pour chaque type de marché (monopsone.....) ? Et pourriez-vous donner des exemples sur le cas où se rejoignent les 2 approches, c'est à dire, celle du marché de la concurrence pure ? Et en quoi cette dernière est particulièrement importante / démarche ˀrketing ?

– La structuration des vidéos et la facilité d'approche mise en œuvre

> Bonjour,
>
> Merci de ce partage. J'ai trouvé cette introduction au marketing intéressante.
>
> J'ai particulièrement apprécié :
> - La structure du cours très claire
> - La facilité d'approche

– La richesse, la densité et l'exhaustivité du cours

[96] Copies d'écrans extraites du Forum du MOOC

– L'approche éthique proposée pour présenter le marketing

> Bonjour,
>
> J'ai voulu profiter de cette fin de semaine pour m'avancer sur le MOOC et commencer le thème 4 sur la concurrence mais il me semble qu'il y ait une inversion dans les vidéos 2 et 3. Merci pour ce MOOC qui donne une vision à la fois ouverte et synthétique d'un marketing qui intègre une approche éthique sans tomber dans l'hypocrisie. Magali

> Bonjour nous allons vérifier à propos des vidéos, merci pour vos remarques sur le Mooc !
>
> posté il y a environ une heure par CatherineMadrid

– La qualité des évaluations

> question.
>
> PS: Sympa le test, premier que je vois aussi long et difficile de tout mes MOOC. Et franchement, j'approuve car cela oblige à se remettre en question et à réfléchir
>
> En rapport à: Thème 1 : Le concept marketing / Posez vos questions sur le thème 1

Annexe 4 : Évolution des expressions pour désigner notre méthode et des cadres conceptuels mobilisés

Années	Occasions : Publications/ Communication/ Concours	Expressions successives utilisées	Principaux cadres conceptuels mobilisés pour la première fois
2004	Grand prix CIDEGEF	« Innovation pédagogique : le produit fil rouge »	Aucun
2006	Journées Communication Apprentissage Instrumentés en Réseaux, Université de Picardie, Amiens	« Vers un enseignement virtuel : une innovation pédagogique, l'accompagnement en ligne du produit fil rouge »	Aucun
2010	Projet GCCPA	« Vers une nouvelle relation enseignant — apprenants : Une innovation pédagogique : le produit fil rouge »	Aucun
2012	3e Colloque ADIUT Pédagogie et Professionnalisation Montpellier — 28, 29 et 30 mars 2012	« Le produit fil rouge : une innovation pédagogique personnalisée interactive »	Aucun
2015	Lille	« Une pédagogie inversée, individualisée et interactive (P3I) »	Pédagogie inversée
2016	Revue Décisions Marketing	« Le produit fil rouge (P.F.R.) : une combinaison de méthodes pédagogiques qui réduit la distance transactionnelle »	Pédagogie active
2016	Dossier PEPS	« Le Produit Fil Rouge : Enseigner le marketing autrement »	

Années	Occasions : Publications/ Communication/ Concours	Expressions successives utilisées	Principaux cadres conceptuels mobilisés pour la première fois
2017	Agora Lyon	« Apprendre le marketing autrement : la méthode du PFR »	Situation authentique » : renvoie à « un contexte d'apprentissage qui offre aux apprenants l'occasion de développer certaines compétences de façon active »
2018	Fnege	« Apprendre le marketing autrement »	Choix par l'apprenant d'un objet d'apprentissage personnel et individuel
2019	Dossier Fnege, labellisation dispositif pédagogique	« Apprendre le marketing autrement »	Approche par les compétences.
2019	Bilbao	« PRODUIT FIL ROUGE : acquérir autrement des compétences en marketing en choisissant son objet d'apprentissage et son rythme d'évaluation ».	Le rôle des émotions dans la réussite de l'apprenant
2020	Colloques Clic et Prune	« PRODUIT FIL ROUGE : acquérir autrement des compétences en marketing en choisissant son objet d'apprentissage et son rythme d'évaluation. »	

Annexe 5 : Exemple d'une grille d'évaluation conçue pour le bloc

« Analyser correctement un contexte commercial »

Pour chacune de ces compétences, les niveaux de performance requis pour leur validation sont indiqués en gris. Les modalités d'évaluation des niveaux de performance sont explicitées dans la colonne de droite. Dans le cas des cases comportant un trait oblique, la faiblesse du niveau de performance n'est pas rédhibitoire, elle génère seulement une minoration de la note finale.

Compétences à acquérir	Non acquis	À développer ou à rectifier	À renforcer	Acquise	Modalités d'évaluation de la compétence
Identifier les marchés de références					Obligatoire et respectueux des concepts. Le pfr doit être précisé, la définition du MG ne doit pas évoluer dans le dossier, la séparation MP MS doit être claire ou expliquée les MC doivent être complets
Identifier les clients de la profession, les NCR et NCA					Pas d'erreur ou oubli MC sur NCA — Erreur ou oubli NCR ou clients tolérée
Quantifier la demande théorique					Obligatoire — erreur de calcul tolérée mais erreur d'unité de population non tolérée
Identifier les forces concurrentielles en cohérence avec les marchés de référence					Obligatoire. La rivalité est liée aux marchés principaux et les produits substituts sont les mêmes que sur les marchés du même nom

Compétences à acquérir	Non acquis	À développer ou à rectifier	À renforcer	Acquise	Modalités d'évaluation de la compétence
Caractériser l'intensité des forces concurrentielles					Erreur sur 2 forces tolérées au maximum. Ordre de l'analyse à respecter
Lier l'environnement concurrentiel aux forces					Refuser 2 types d'environnement concurrentiel ou une erreur sur le type d'environnement à inclure dans les forces (bonus)
Rechercher les tendances					Pertinence des tendances par rapport au besoin + nuance dans richesse analyse
Souligner les spécificités de l'environnement					Pertinence des acteurs par rapport au besoin + nuance dans richesse analyse

Annexe 6 : Exemple commenté d'un document d'étape

Nom	Groupe :
PFR (1)	

VALIDE (2)	NON VALIDE

DOCUMENT D'ÉTAPE 1.2 : ANALYSE DU CHAMP CONCURRENTIEL (3)

La rédaction de ce document consiste à retranscrire de manière formalisée l'application à votre PFR de concepts relatifs au thème désigné par le titre.

Analyse du contexte commercial ☐■☐

Analyse du comportement ☐☐

Décisions stratégiques ☐☐☐

Décisions opérationnelles ☐☐☐☐

(4)

CONSIGNES

pour valider les compétences suivantes (5)

1. Identifier les forces concurrentielles en cohérence avec les marchés de référence

2. Caractériser l'intensité des forces concurrentielles

(6) Compléter le tableau dans lequel figure les 5 forces concurrentielles et pour chacune, donner 2 arguments qui justifient l'intensité concurrentielle puis indiquer la référence de la source

Force concurrentielle	Intensité (7)	Arguments (8)	Référence de la source (9)

Avant de remettre ce document, vérifier que : **(10)**

→ Sa présentation est très soignée (pas d'éléments manuscrits sauf autorisation)

→ Les fautes d'orthographe et de syntaxe sont inexistantes

→ Les forces de Porter sont analysées dans un ordre pertinent

En l'absence d'un de ces éléments le document ne sera pas lu

1 : rappel du produit imaginé pour nous permettre d'évaluer le document d'étape.

2 : rappel du principe de validation d'une compétence et non d'une notation. Lorsque la case est cochée, cela visualise le fait que l'apprenant vient de franchir une étape et l'encourage dans sa progression.

3 : titre du DE en lien avec la ressource théorique à mobiliser.

4 : rappel de la position du document d'étape dans la progression.

5 : rappel des compétences qui sont associées à la ressource théorique à mobiliser.

6 : expression des consignes qui correspondent aux apprentissages que nous avons identifiés ensemble comme essentiels pour valider cette compétence. Ici l'apprenant doit être capable de désigner les forces concurrentielles qui s'appliquent au produit qu'il a imaginé et d'évaluer l'intensité de la menace que chacune d'entre elles représente en donnant deux arguments.

7 8 et 9 : expression des modalités d'évaluation de ces apprentissages sur lesquelles nous nous sommes mises d'accord pour considérer que la compétence est validée. Ici nous considérons que l'intensité de la force doit être explicite (importante faible etc.), que deux arguments pertinents (tirés des ressources théoriques) doivent être avancés et que ces arguments doivent être sourcés et datés.

10 : liste de consignes tirées des erreurs fréquemment remarquées et destinées à aider les apprenants dans leur travail, de manière à leur éviter trop de retours non validants, ce qui réduirait leur confiance en eux-mêmes.

Éléments complémentaires de l'environnement d'apprentissage préparé présent sur le site pour permettre la validation de ce document d'étape

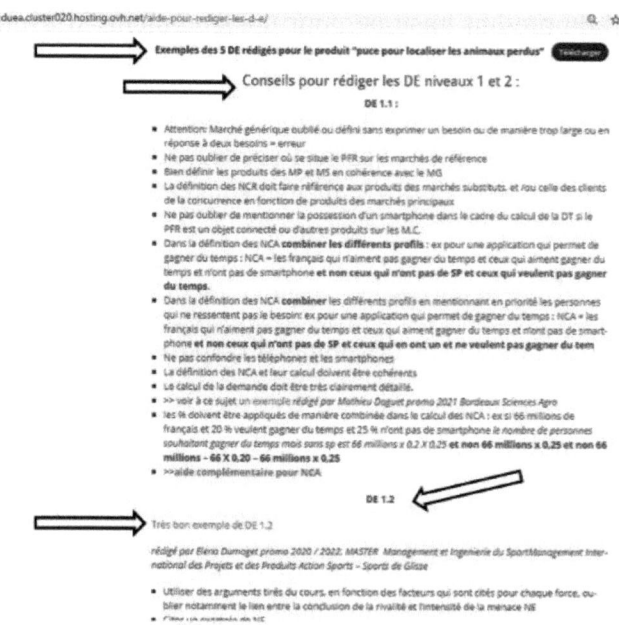

Annexe 7 : Deux rappels théoriques sur la motivation et la distance en pédagogie[97]

1 Les facteurs de la dynamique motivationnelle

Ensemble des raisons rationnelles, émotionnelles, psychologiques, qui poussent un individu à déclencher un processus d'achat, le concept de motivation est loin d'être méconnu en marketing puisqu'il est fréquemment évoqué dans la littérature sur le comportement du consommateur. On retrouve cette notion de déclenchement dans le contexte scolaire, où il s'agit « d'un état dynamique qui a ses origines dans les perceptions qu'un élève a de lui-même et de son environnement et qui l'incite à choisir une activité, à s'y engager et à persévérer dans son accomplissement afin d'atteindre un but » (Viau, 2006).

Les travaux qui étudient cette motivation s'accordent à l'aborder selon une perspective sociocognitive (Gurtner et al. 2006). Cette dernière identifie des composantes d'origines extrinsèques — la récompense, le vécu social par exemple — et intrinsèques (hédonisme, accomplissement). L'ensemble des éléments se combinent pour former un processus dont la dynamique doit permettre à l'apprenant de répondre de manière positive à des questions du type : « Suis-je compétent par rapport à cette tâche ? Quelle est la difficulté de cette tâche ? Vais-je m'y engager ? ». Ces réponses positives sont favorisées par trois déterminants, la valeur accordée à l'activité qui est proposée, la perception de contrôlabilité qu'il est possible d'exercer sur la démarche d'apprentissage et enfin la perception de sa propre compétence (Viau, 2009).

---

[97] Extraits de Chérel L., Lapassouse Madrid C., 2016, « Les motivations à apprendre des étudiants et l'enseignement du marketing : une analyse via la théorie de la distance transactionnelle en formation « *Décisions Marketing*, 83, oct-dec, 49-68

2 La théorie de la distance transactionnelle en formation

Contrairement à ce que la médiatisation actuelle des M.O.O.C. peut laisser penser, la notion de « distance » en formation ne se réduit pas à l'éloignement géographique entre le formateur et l'apprenant. Le concept est avant tout pédagogique et concerne le type d'interaction entre l'enseignant et l'apprenant. Les travaux en Sciences de l'Éducation ont caractérisé différents types de distance[98], en particulier la distance dite pédagogique, cette dernière désignant l'écart psychologique entre l'apprenant et le formateur (Peraya, 2014).

À ce propos Moore est le fondateur, en 1993, de la théorie de la distance transactionnelle (Moore, 2015). Ce type de distance plus ou moins important selon la présence de deux facteurs permet de décrire un programme d'enseignement. Le premier correspond à sa structure plus ou moins contraignante (la standardisation des contenus et des méthodes d'enseignement), le second au dialogue entre les enseignants et l'apprenant. L'interaction entre la structure et le dialogue détermine la distance transactionnelle. Cette dernière diminue quand le dialogue augmente ou quand la structure diminue (Moore et Marty, 2011).

Un troisième facteur doit être considéré en complément, il s'agit de l'autorégulation par l'apprenant (ou autonomie). Les travaux des années 80-90 à propos des processus d'apprentissage ont en effet mis l'accent sur l'existence de stratégies individuelles indépendantes des interventions de l'enseignant (Béchard, 2000). Moore suppose que si l'apprenant est autonome, la distance transitionnelle est moins cruciale pour son apprentissage : « Les apprenants très autonomes sont capables d'apprendre quel que soit le degré de dialogue, les moins autonomes auront besoin de plus de dialogue » (Moore et Marty, 2011).

---

[98] Culturelle, technologique, économique par exemple.

Certains chercheurs ont reproché à la théorie de Moore son manque d'opérationnalité. Ils ont proposé d'autres concepts comme celui de présence pédagogique caractérisée par la possibilité de faire circuler des signes de la présence de l'enseignant dans la relation (Péraya, 2014). La contribution de la théorie de Moore est toutefois reconnue de manière unanime pour avoir le mérite de proposer un cadre théorique permettant de caractériser différents dispositifs d'enseignement.

Annexe 8 : Message publié sur le site à propos de notre continuité pédagogique en mars 2020

Home » Non classé » PFR et continuité pédagogique

Articles récents

PFR et continuité pédagogique novembre 2020
Bienvenue sur la route du PFR !
PFR et continuité pédagogique
20 ans de réflexion pédagogique résumés en vidéo

PFR et continuité pédagogique

📅 14 March 2020 👤 L.Chérel & C.Madrid 💬 Leave a comment

Les spécificités de la méthode PFR lui permettent de s'adapter aux circonstances exceptionnelles actuelles.

Vous êtes étudiant(e) en M1PAS : le mode opératoire pédagogique **ne change pas**, des instructions vous seront données prochainement à propos de l'évaluation prévue le 26 mars

Vous êtes étudiant(e) en TC 1ère année : Pour les séances de Td de marketing prévues sur votre planning , vous devez vous **connecter sur moodle au cours** :

MARKETING – 1ERE ANNEE – ANIMATION DE LA DEMARCHE PFR A DISTANCE

Cette salle virtuelle correspond à une salle de TD habituelle. La **SEULE** différence réside dans le fait que vous allez nous voir et nous entendre depuis un écran mais **nous allons travailler de la même façon**. La démarche PFR était déjà conçue pour pouvoir se réaliser à distance. La situation que nous connaissons actuellement ne change en rien notre approche, notre accompagnement et votre rythme personnel de progression dans l'acquisition de compétences en marketing.

Dans cette classe virtuelle, vous découvrirez les rubriques suivantes pour votre groupe :

Consultez en premier lieu le mode opératoire *technique*

Ensuite allez sur la classe virtuelle intitulée « ANIMATION G... », en fonction de votre groupe d'appartenance.

Comme nous vous l'avons expliqué en amphi vous allez devoir travailler sur la stratégie de votre PFR. Notre pédagogie ne change pas. Pour chaque séance, consultez le mode opératoire *pédagogique* qui sera indiqué sur une page nouvellement crée sur le site : *"PFR et continuité pédagogique"*

Ensuite, allez sur la classe virtuelle intitulée « ANIMATION G... », en fonction de votre groupe d'appartenance. C'est la solution distancielle que nous avons retenue pour remplacer les TD en présentiel. Le fonctionnement en est le même. Cette classe virtuelle sera pour vous l'occasion de travailler et d'avancer vos décisions stratégiques et opérationnelles à propos de votre produit pour préparer soit un oral soit vos 6 documents d'étapes. Vous pouvez nous poser des questions vocalement ou par chat selon votre choix dans le cadre de la classe virtuelle.

Si cette solution "plante" nous nous retrouvons alors sur la page
FB : "animation distancielle de la démarche PFR". Nous vous prévenons auparavant par mail

N'utilisez pas le mail pour nous poser des questions à propos de votre PFR sauf si nous vous le demandons explicitement. Posez vos questions pendant le cours à distance sur la solution virtuelle utilisée à ce moment là .

Si vous choisissez la conduite accompagnée, vos documents d'étapes (DE) seront validés individuellement par échange de mail, la procédure vous sera expliquée sur le site. Le mail methodepfr@u-bordeaux.fr est réservé à cette démarche de validation, il ne peut pas servir à répondre à vos questions par rapport à votre PFR car nous souhaitons que, de la même manière que vous écoutez souvent à plusieurs nos explications en présentiel, vous puissiez consulter nos réponses et vous entraider.

La situation est très particulière mais nous savons pouvoir compter sur votre motivation et vos capacités d'adaptation pour faire les efforts nécessaires durant cette période afin de continuer à progresser. **En marketing, le mode de travail ne change pas, nous vous rappelons que la seule différence réside dans le fait que nous travaillons tous derrière un écran dans une salle virtuelle plutôt que dans une salle à l'IUT.**

Bien à vous,

Catherine Madrid et Laurence Chérel

TABLE DES MATIÈRES

REMERCIEMENTS **7**

PROLOGUE **9**
C'est quoi cette salle de classe ?!

INTRODUCTION **11**

PARTIE 1 .... **13**
Pourquoi enseigner autrement ?
Pour quoi cheminer ?

Chapitre 1 .... **15**
D'un constat à un cheminement permanent

    1.1 Un constat au départ en 2002 : quid de notre utilité sociale ? 15
    Le contexte pédagogique initial 15
    Des constats décevants 16
    1.2 Choisir d'expérimenter des nouvelles pratiques pour redonner du sens 18
    Le point de départ du changement de posture 18
    Un parti pris d'origine pour sortir de notre zone de confort 19
    Et accepter un lâcher-prise 21
    Un renouveau dans le plaisir d'enseigner 22
    L'émergence d'une pratique réflexive constante 23

Chapitre 2 .... **25**
De Skyblog à OVH

    2.1 Les premiers pas sur les écrans 25
    D'une simple mise en ligne de présentations PowerPoint 25
    … à l'enregistrement de présentations sonorisées 26

Pour un accompagnement en ligne 27
2.2 Le rôle du site aujourd'hui : accompagner vers une autonomie d'apprentissage 28
La prise de conscience de l'importance de cet appui technologique 29

CHAPITRE 3 31
La transformation de nos essais pédagogiques en méthode

3.1 Dépôt de marque et Peps : prise de conscience et recherche de validation extérieure 31
Noël 2013 : s'offrir une marque ! 32
Janvier 2016 : le prix de la passion ! 32
Un signe de validité extérieure 34

3.2 Un outil digital supplémentaire pour enrichir notre dispositif pédagogique : le MOOC 36
Les partis pris de la réalisation 36
La production 37

3.3 MOOC : un vécu riche d'enseignements 38
Quant à la production des ressources en grande autonomie 38
Quant à l'animation 38
Quant aux enseignements retirés 40
Conclusion partie 1 41

PARTIE 2 43
L'ADN de notre pédagogie

CHAPITRE 1 47
Motiver, impliquer les étudiants ?

1.1 Rendre l'étudiant acteur de son apprentissage 47
Au départ le choix de l'objet d'apprentissage 47
Pour favoriser la participation de l'étudiant 48
Une initiative appréciée par nos étudiants 50

1.2 Montrer l'intérêt de l'activité pédagogique proposée 51
Une situation d'apprentissage authentique est proposée 51
… et engendre des retours positifs 52
L'explication de notre démarche pédagogique 53

1.3 Permettre à l'étudiant de prendre confiance en ses capacités 54

Déstructurer le parcours pédagogique : donner plus de possibilités de choix 55
Pour favoriser la confiance en soi 56
1.4 Au final des étudiants plus motivés et une évolution de notre posture pédagogique 57

CHAPITRE 2 59
Être côte à côte et non plus face à face

2.1 Accompagner : c'est-à-dire ? 59

2.2 Animer en accordant à chaque étudiant le temps dont il a besoin pour apprendre 61
La question des rétroactions : guider sans contraindre 61
D'une salle de classe classique à un espace d'animation 62

CHAPITRE 3 67
« Un étudiant savant, tu ne deviendras pas. Un étudiant compétent, tu seras »

3.1 « Le grand saut » 67
Approche par compétences : un changement de culture 67
Les raisons de notre conversion à l'approche par compétences 68

3.2 Adapter les parcours d'évaluation au rythme de l'étudiant 70
La construction de DE 70
La question de la notation 71
La mise au point d'un processus d'évaluation 73
Vers une usine à gaz ? Non, un plaisir et une fierté accrus 74

PARTIE 3 77
Nos interrogations actuelles/nos chantiers

CHAPITRE 1 79
Au final les émotions des étudiants

1.1 Comment renforcer le rôle de l'ancrage émotionnel pour accroître les motivations d'apprendre pour devenir compétent ? 81
Quand l'autonomie laissée aux apprenants peut générer de l'anxiété 81
S'inscrire dans un dispositif de lutte contre le décrochage 83
Notre chantier n° 1 : maintenir la motivation 84

1.2 Susciter l'engagement chez l'étudiant pour le motiver en lui laissant le libre choix de son parcours d'évaluation 85
Gamifier 85
Notre chantier n° 2 : jusqu'à quel point accompagner ? 86
1.3 Débloquer des freins à la réussite en accompagnant 87
Privilégier l'échange interpersonnel pour individualiser le parcours 88
Notre chantier n° 3 : les guider vers le choix de parcours qui leur correspond le mieux 89

1.4 Notre chantier transversal : Comment créer de la proximité pour renforcer l'estime de soi et la confiance en ses capacités ? 90
Proximité à distance 90
Instaurer un rituel 91
Trouver les mots pour accompagner vers la réussite 91
Assumer son autonomie de parcours 92
Échanges réciproques pour une relation qualitative 93

CHAPITRE 2 95
Ce qui nous fait vibrer

2.1 Une passion d'enseigner intacte malgré les écrans obligatoires. 95
La prise de conscience : la continuité pédagogique pendant le confinement de Mars 2020 95
Du changement subi à une évolution assumée. 97
Rentrée 2021 : enseignement à distance versus présentiel masqué et distancié 99
Et après ? 101

2.2 Comment transmettre à la communauté enseignante notre vécu pédagogique ? 102
Trois catégories de cercles/publics/lecteurs 102
Écrire ce livre 104
Élargir notre public de formation/d'apprenants 105
D'autres pistes à explorer ? 105

2.3 Se raccrocher à un courant pédagogique reconnu ? 106

CONCLUSION 107

BIBLIOGRAPHIE 111